라케스

정암고전총서 플라톤 전집

라케스

플라톤

한경자 옮김

아카넷

정암고전총서는 윤독의 과정을 거쳐 책을 펴냅니다.
아래의 정암학당 연구원들이 『라케스』 원고를 함께 읽고
번역에 도움을 주셨습니다.
강성훈, 김유석, 김인곤, 김재홍, 김주일, 이기백

'정암고전총서'를 펴내며

　그리스·로마 고전은 서양 지성사의 뿌리이며 지혜의 보고이다. 그러나 이를 한국어로 직접 읽고 검토할 수 있는 원전 번역은 여전히 드물다. 이런 탓에 우리는 서양 사람들의 해석을 수동적으로 수용하는 처지를 완전히 극복하지 못하고 있다. 사상의 수입은 있지만 우리 자신의 사유는 결여된 불균형의 문제를 안고 있는 것이다. 이런 상황은 우리의 삶과 현실을 서양의 문화유산과 연관 지어 사색하고자 할 때 특히 심각한 문제를 야기한다. 우리 자신이 부닥친 문제를 자기 사유 없이 남의 사유를 통해 이해하거나 해결하는 것은 거의 불가능하기 때문이다. 우리의 문제에 대한 인문학적 대안들이 때로는 현실을 적확하게 꼬집지 못하는 공허한 메아리로 들리는 것도 그런 이유 때문일 것이다.

　한 공동체에서 살아가는 사람들이 자신들의 생각과 말을 나누며 함께 고민하는 문제와 만날 때 인문학은 진정한 울림이 있는 메아리가 될 수 있다. 이것은 우리가 우리의 현실을 함께 고민하는 문제의식을 공유함으로써 가능하겠지만, 그조차도 함께 사유할 수 있는 텍스트가 없다면 요원한 일일 것이다. 사유를 공유할 텍스트가 없을 때는 앎과 말과 함이 분열될 위험에 노출될 수 있기 때문이다. 이런 점에서 진정한 인문학적 탐색은 삶의 현실이라는 텍스트, 그리고 생각을 나눌 수 있는 문헌 텍스트와 만나는 이중의 노력에 의해 가능할 것이다.

현재 한국의 인문학적 상황은 기묘한 이중성을 보이고 있다. 대학 강단의 인문학은 시들어 가고 있는 반면 대중 사회의 인문학은 뜨거운 열풍이 불어 마치 중흥기를 맞이한 듯하다. 그러나 현재의 대중 인문학은 비판적으로 사유하는 인문학이 되지 못하고 자신의 삶을 합리화하는 도구로 전락하는 경향이 없지 않다. 사유 없는 인문학은 대중의 욕망을 충족시키기 위해 소비되는 상품에 지나지 않는다. '정암고전총서' 기획은 이와 같은 한계상황을 극복할 수 있는 기본적인 토대를 마련하고자 하는 절실한 문제의식에서 시작되었다.

정암학당은 철학과 문학을 아우르는 서양 고전 문헌의 연구와 번역을 목표로 2000년 임의 학술 단체로 출범하였다. 그리고 그 첫 열매로 서양 고전 철학의 시원이라 할 『소크라테스 이전 철학자들의 단편 선집』을 2005년도에 펴냈다. 2008년에는 비영리 공익법인의 자격을 갖는 공적인 학술 단체의 면모를 갖추고 플라톤 원전 번역을 완결할 목표 아래 지금까지 20여 종에 이르는 플라톤 번역서를 내놓고 있다. 이제 '플라톤 전집' 완간을 눈앞에 두고 있는 시점에 정암학당은 지금까지의 시행착오를 밑거름 삼아 그리스·로마의 문사철 고전 문헌을 한국어로 옮기는 고전 번역 운동을 본격적으로 펼치려 한다.

정암학당의 번역 작업은 철저한 연구에 기반한 번역이 되도록 하기 위해 처음부터 공동 독회와 토론을 통해 이루어진다. 번역 초고를 여러 번에 걸쳐 교열·비평하는 공동 독회 세미나를 수행하여 이를 기초로 옮긴이가 최종 수정하는 방식으로 진행된다.

이같이 공동 독회를 통해 번역서를 출간하는 방식은 서양에서도 유래를 찾기 어려운 번역 시스템이다. 공동 독회를 통한 번역은 매우 더디고 고통스러운 작업이지만, 우리는 이 같은 체계적인 비평의 과정을 거칠 때 믿고 읽을 수 있는 텍스트가 탄생할 수 있다고 확신한다. 이런 번역 시스템 때문에 모든 '정암고전총서'에는 공동 윤독자를 병기하기로 한다. 그러나 윤독자들의 비판을 수용할지 여부는 결국 옮긴이가 결정한다는 점에서 번역의 최종 책임은 어디까지나 옮긴이에게 있다. 따라서 공동 윤독에 의한 비판의 과정을 거치되 옮긴이들의 창조적 연구 역량이 자유롭게 발휘될 수 있도록 노력하였다.

정암학당은 앞으로 세부 전공 연구자들이 각각의 연구팀을 이루어 연구와 번역을 병행함으로써 아리스토텔레스 철학 원전, 키케로 전집, 헬레니즘 선집 등의 번역본을 출간할 계획이다. 그리고 이렇게 출간될 번역본에 대한 대중 강연을 마련하여 시민들과 함께 호흡할 수 있는 장을 열어 나갈 것이다. 공익법인인 정암학당은 전적으로 회원들의 후원으로 유지된다는 점에서 '정암고전총서'는 연구자들의 의지뿐만 아니라 시민들의 소중한 뜻이 모여 세상 밖에 나올 수 있는 셈이다. 이런 점에서 '정암고전총서'가 일종의 고전 번역 운동으로 자리매김되길 기대한다.

'정암고전총서'를 시작하는 이 시점에 두려운 마음이 없지 않으나, 이런 노력이 서양 고전 연구의 디딤돌이 될 것이라는 희망, 그리고 새로운 독자들과 만나 새로운 사유의 향연이 펼쳐질 수 있으리라는 기대감 또한 적지 않다. 어려운 출판 여건에도 '정암고전총서' 출간의 큰 결단을 내린 아카넷 김정호 대표에게 경의와 감사의 뜻을 전한다. 끝으로 정암학당의 기틀을 마련했을 뿐만 아니라 앎과 실천이 일치된 삶의 본을 보여 주신 이정호 선생님께 존경의 마음을 표한다. 그 큰 뜻이 이어질 수 있도록 앞으로도 치열한 연구와 좋은 번역을 내놓는 노력을 다할 것이다.

2018년 11월
정암학당 연구자 일동

'정암학당 플라톤 전집'을 새롭게 펴내며

플라톤의 사상과 철학은 서양 사상의 뿌리이자 서양 문화가 이루어 온 지적 성취들의 모태가 되었다는 점에서 큰 의미를 지니고 있다. 특히 그의 작품들 대부분은 풍성하고도 심오한 철학적 문제의식을 담고 있을 뿐만 아니라 생동감 넘치는 대화 형식으로 쓰여 있어서, 오늘날까지 많은 사람이 최고의 철학 고전이자 문학사에 길이 남을 걸작으로 손꼽고 있다. 화이트헤드는 '유럽철학의 전통은 플라톤에 대한 일련의 각주'라고까지 하지 않았던가.

정암학당은 플라톤의 작품 전체를 우리말로 공유할 수 있도록 하자는 취지에서 뜻있는 학자들이 모여 2000년에 문을 열었다. 그 이래로 플라톤의 작품들을 함께 읽고 번역하는 데 매달려 왔다. 정암학당의 연구자들은 애초부터 공동 탐구의 작업 방식을 취해 왔으며, 이에 따라 공동 독회와 토론을 통해 텍스트를 이해하는 노력을 기울여 왔고, 초고를 여러 번에 걸쳐 교열 · 비평하는 수고 또한 마다하지 않았다. 2007년에 『뤼시스』를 비롯한 3종의 번역서를 낸 이후 지금까지 출간된 정암학당 플라톤 번역서들은 모두 이 같은 작업 방식으로 이루어진 성과물들이다.

정암학당의 이러한 작업 방식 때문에 번역 텍스트를 출간하는 데 출판사 쪽의 애로가 없지 않았다. 그동안 출판을 맡아 준 이제이북스는 어려운 여건에서도 플라톤 전집 출간의 의미를 이해하고 전집 출간 사업에 동참하여 많은 노력을 기울여주었다. 그 결과 2007년부터 2018년까지 20여 종의 플라톤 전집 번역서가 출간되었다. 그러나 최근 이제이북스의 여러 사정으로 인해 전집 출간을 마무리하기가 어려워졌다. 정암학당은 플라톤 전집 출간을 이제이북스와 완결하지 못하게 된 것에 대해 아쉬움을 표하는 동시에 그동안의 노고에 고마움을 전한다.

정암학당은 이 기회에 플라톤 전집의 번역과 출간 체계를 전반적으로 정비하기로 했고, 이런 취지에서 '정암학당 플라톤 전집'을 '정암고전총서'에 포함시켜 아카넷 출판사를 통해 출간할 것이다. 아카넷은 정암학당이라는 학술 공간의 의미를 이해하고 '정암학당 플라톤 전집' 출간의 가치를 공감해주었다. 여러 가지 측면에서 많은 어려움이 있었음에도 어려운 결단을 내린 아카넷 출판사에 감사를 표한다.

정암학당은 기존에 출간한 20여 종의 번역 텍스트를 '정암고전총서'에 편입시켜 앞으로 2년 동안 순차적으로 이전 출간할 예정이다. 그러나 이런 작업이 짧은 시간에 추진되었기 때문에 번역자들에게 전면적인 수정을 할 시간적 여유가 주어지지는 않았다. 따라서 아카넷 출판사로 이전 출간하는 플라톤 전집은 일부의 내용을 보완하고 오식을 수정하는 선에서 새로운 판형과 조판으로 출간한다. 이 점에 대해서는 독자들께 양해를 구한다. 정암학당은 출판사를 옮겨 출간하는 작업을 진행하는 동시에, 플라톤 전집 중 남아 있는 텍스트들에 대한 번역본 출간 시기도 앞당길 수 있도록 노력할 것이다. 그리하여 오랜 공동 연구의 결실인 '정암학당 플라톤 전집' 전체를 독자들이 조만간 음미할 수 있도록 최선을 다할 것이다.

끝으로 정암학당의 기반을 마련해 주신 고 정암(鼎巖) 이종건(李鍾健) 선생을 추모하며, 새 출판사에서 플라톤 전집을 완간하는 일에 박차를 가할 것을 다짐한다.

2019년 6월
정암학당 연구자 일동

차례

작품 내용 구분

1. 교육의 문제(178a-190c)

1) 중무장 전투술의 교육적 가치(178a-184c)
(1) 도입부: 중무장 전투술에 대한 조언 요청(178a-181d)
(2) 중무장 전투술의 가치에 대한 니키아스의 견해(181d-182d)
(3) 중무장 전투술의 가치에 대한 라케스의 견해(182d-184c)
2) 교육은 영혼을 위한 것이다(184c-190c)
(1) 소크라테스의 첫 번째 제안: 영혼의 보살핌에 대한 전문가를 찾아
   야 한다(184c-187b)
(2) 막간: 소크라테스와의 문답 대화에 대한 니키아스와 라케스의 생
   각(187b-189d)
(3) 소크라테스의 두 번째 제안: 덕에 대한 검토 필요성(189d-190c)

2. 용기에 대한 정의 시도(190c-200a)

1) 예비적 논의: 덕의 부분으로서 용기를 고찰하기로 함(190c-e)
2) 용기에 대한 라케스의 정의와 소크라테스의 반론(190e-194b)
(1) 용기에 대한 라케스의 첫 번째 정의: 용기란 대오를 지키고 도망
   치지 않는 것이다 / 소크라테스의 반론(190e-192b)
(2) 용기에 대한 라케스의 두 번째 정의: 용기란 영혼의 인내이다 / 소
   크라테스의 반론(192b-194b)
3) 용기에 대한 니키아스의 정의와 그에 대한 반론(194c-199e)
(1) 용기에 대한 니키아스의 정의: 용기란 두려워할 것들과 대담하게
   할 수 있는 것들에 대한 앎이다(194c-195a)

등장인물

뤼시마코스(Lysimachos)

이 대화편의 대화를 이끌어 나가고 있는 인물이다. 자신과 멜레시아스의 대변자로서 자기 아들과 멜레시아스의 아들의 교육을 위한 조언을 구하는 것으로 대화를 시작한다. 역사상 실재 인물로서의 뤼시마코스에 대해서는 알려진 것이 별로 없다. 대화편에서도 언급되듯이 유명한 부친에 비해 그 자신은 저명인이 아니었던 것 같다. 그의 유명한 부친은 페르시아 전쟁 때 특히 이름을 떨친 아테네의 정치가이자 장군인 아리스테이데스(Aristeidēs)이다. 아리스테이데스는 '정의로운 자'라는 별칭을 갖고 있으며, 테미스토클레스와의 정치적 갈등으로 인해 도편추방된 일화로 유명하다. 『라케스』의 대화 초반(179c-d)에 뤼시마코스는 자신의 아버지가 자신에 대한 교육을 소홀히 하여 자신이 그다지 명성을 얻지 못한 데 대해 유감을 표시한다. 『메논』 93e-94e에서도, 멜레시아스와 함께, 위인도 그 덕을 아들에게 전달하는 것이 불가능하다는 여러 실례들 가운데 하나로 그의 이름이 언급되고 있다. 유명한 부친과 무명의 자식이라는 이러한 상황이 '자식에게 무엇을 가르칠 것인가?'라는 『라케스』의 논의를 이끄는 배경을 제공하고 있다. 『라케스』의 곳곳에서 뤼시마코스는 자신을 나이를 많이 먹은 자, 곧 노인으로 지칭하고 있다. 대화편에서 뤼시마코스는 소크라테스의 아버지인 소프로니스코스(Sōphroniskos)의 친구였던 것으로 나타나고 있으므로, 이 대화편에서 뤼시마코스의 작중 나이는 대략 육십 대 후반에서 칠십 대 초반으로 추정된다. 그와 멜레시아스, 소크라테스가 모두 같은 알로페케 구 출신의 사람이다.

멜레시아스(Melēsias)

멜레시아스에 대해서 역시 사료로 남아 있는 것이 거의 없다. 뤼시마코스와 마찬가지로 『메논』에서 아버지에게 훌륭한 교육을 받았으나 덕을 전달받는 데는 실패한 사례로 나온다. 『메논』 94c에서는 아버지의 훌륭한 교육으로 아테네 최고의 레슬링 선수가 된 것으로 묘사된다. 멜레시아스의 유명한 아버지는 정치가 투퀴디데스(Thoukydidēs)로, 우리에게 좀 더 많이 알려진 역사가 투퀴디데스와는 다른 인물이지만, 그 역시 당대에는 매우 영향력 있는 인물이었다. 아테네 정계에서 활약한 귀족파 지도자로 페리클레스 정권의 주요 반대자였다. 이 대화편 『라케스』에서 멜레시아스는 대화 내내 동석하고 있긴 하지만 대화에 직접 동참하는 일은 거의 없다. 대부분의 장면에서 뤼시마코스가 그의 생각과 의견을 대변하고 있다. 멜레시아스가 직접 대화에 참여하는 것은 단 하나의 장면(184d - 185b)에 집중되어 있으며, 그 말도 아주 간결하다. 그는 단지 일곱 번만 말한다.

니키아스(Nikias)

펠로폰네소스 전쟁에서 활약한 아테네의 대표적 장군 중 한 사람이다. 페리클레스의 죽음(기원전 429년) 이후에 정치 세력 다툼에서 클레온과 라이벌 관계로 나타난다. 엄청나게 부유했던 니키아스는 부유한 귀족들의 대변자로 여겨지고는 있지만, 겸손하고 인심이 후했던 덕에 사람들로부터 미움을 받지는 않았던 것 같다. 온건파인 그는 민주파 내의 몇몇 과격파들의 제국주의적이고 팽창주의적인 야심에 반대했다. 그의 주된 관심은 스파르타와의 관계에서 가능하면 빨리 평화를 이끌어 내는 것이었다. 그는 기원전 423년의 휴전과 421년의 평화협정에 이르는 협상에서 주요 역할을 담당한다. 그리고 이 기원전 421년의 평화협정은 후에 '니키아스 평화협정'이라는 이름으로 유명해졌다. 그러나 곧 평화협정이 깨지고 기원전 415년 아테네 민회가 시켈리아 원정을 결의하였을 때, 니키아스는 원정에 반대했으나 오히려 사령관에 지명되어 출정하게 된다. 기원전 413년 전황이 불리하게 된 후, 철군에 실패, 전투에서 패배하여 적에게 처형당한다. 이때의 철군 실패는 당시 있었던 월식으로 인해 철군을 유예시키라는 예언자의 조언을 따른 것으로, 이것이 결국 아테네군의 전멸을 초래하게 된다. 투퀴디데스의 『펠로폰네소스 전쟁사』 6권과 7권에 당시 니키아스의 활약상과 성격이 자세하게 묘사되어 있다. 이 대화편『라케스』에서는 경험과 행동을 중시하는 라케스와 대비되면서 신중하고 논리적이며 소크라테스적 논의에 익숙한 사람으로 그려지고 있다. 『라케스』에서는 소크라테스보다 연장자로 언급되고 있는데 나이 차이가 그다지 컸던 것 같진 않으므로 이 대화편의 시기에서는 50세 정도의 장년으로 보인다.

라케스(Lachēs)

라케스에 관한 자료는 보고된 니키아스 관련 자료보다 수적으로 매우 적다. 니키아스와 반대로 라케스는 정치적 역할을 담당하지 않았으며, 오로지 군인으로만 남아 있었던 것으로 보인다. 투퀴디데스의『펠로폰네소스 전쟁사』에 기원전 427년 그가 장군직을 맡아 시켈리아로 가는 20척 규모의 함대를 지휘한 것으로 기록되어 있다. 기원전 421년에는 스파르타와의 평화 협상에 니키아스와 함께 참여하여 이 협상이 체결되는 데 힘썼고, 삼 년 뒤인 기원전 418년 만티네아 전투에서 죽음을 맞이한다. 또 플라톤의『향연』과 『라케스』에는 라케스가 기원전 424년 델리온 전투에도 소크라테스와 함께 참가하였음이 언급되고 있다. 이 대화편『라케스』에서 라케스는 니키아스에 비해 단순하고 직선적이며 감정적인 성격을 드러내면서 지적인 사고보다는 행동과 경험을 중시하는 인물로 그려진다. 라케스 역시 니키아스와 마찬가지로 소크라테스보다 나이가 많은 사람으로 언급되고 있다. 니키아스와 동년배로 보인다.

소크라테스(Sōkratēs)

대화의 시기가 델리온 전투(기원전 424년) 후 얼마 지나지 않은 때라고 한다면, 이 전투에 참가했던 소크라테스의 나이가 45세 정도이므로, 이 대화편에서의 그의 나이는 그보다 조금 많은 40대 후반으로 추정된다. 대화편의 내용으로 보아 이미 젊은이들 사이에 그 이름이 회자하고 있었고 많은 젊은이들과 교제하고 있었다. 대화편에서 델리온 전투에 참가했던 것이 언급되고 있는데, 이 전투에 함께 참가했던 라케스는 전투에서 그가 보여 준 용맹스러운 모습을 극찬하고 있다. 델리온 전투에서 보여 준 소크라테스의 침착하고 용감한 모습은 『향연』 220e-221b에서도 알키비아데스에 의해 생생하게 전달되고 있다. 『라케스』의 대화는 애초 뤼시마코스와 멜레시아스가 자식들의 교육을 위해 니키아스와 라케스에게 조언을 구하는 것으로 시작되었으나, 정작 니키아스와 라케스는 교육에 대한 조언자로 소크라테스를 강력하게 추천하면서 자리에 동석하고 있던 소크라테스가 이 주제의 대화에 참가하게 된다. 논의는 주로 니키아스와 라케스 그리고 소크라테스에 의해 진행되고, 소크라테스는 논의되는 주제에 대한 판정자의 역할을 계속해서 요청받지만, 그는 일관되게 자신을 '모르는 자'로 지칭하고 있다. 대화편에서 선친인 소프로니스코스가 뤼시마코스와 각별한 사이였음이 언급된다.

뤼시마코스의 아들과 멜레시아스의 아들

대화편은 바로 이들에게 중무장 전투술을 배우게 할 것인가에 대해 이들의 아버지가 당대의 유명한 장군 니키아스와 라케스에게 조언을 구하는 것으로 시작된다. 대화편 초반에 나와 있듯이, 아테네 관례대로 이들은 각각 자신의 유명한 조부의 이름을 계승하여 아리스테이데스와 투퀴디데스라는 이름을 갖고 있다. 20세 정도의 젊은이들로 보이며, 대화편에서 이들이 평소 소크라테스에 대한 이야기를 나눈 것으로 언급되고 있다. 그런데 이들은 이 대화편 내내 함께 동석은 하고 있으나, 뤼시마코스의 아들이 아버지 뤼시마코스의 질문에 간단하게 대답하는 한 장면(181a)만 빼놓고는 대화에 참가하지 않는다. 이들에 대해서는 별다른 기록이 없으나, 『테아이테토스』 151a에서 뤼시마코스의 아들 아리스테이데스가 소크라테스와 교제하다가 너무 일찍 떠난 어리석은 자로 언급되고 있다.

일러두기

- 그리스어의 표기는, 명사는 단수, 형용사는 남성 단수 주격, 동사는 능동태 부정형(중간태가 능동태를 대신하는 경우는 중간태 부정형)을 기준으로 한다. 단, 관용적으로 복수로 사용되는 경우나 파생형이 독립적인 중요성을 갖는 경우에는 그에 따랐다.
- 동일한 그리스어에 대해 서로 다른 번역어들을 사용한 경우, 대표 번역어를 정해서 표제어로 삼고, 대표 번역어 옆에 그리스어를 표기하였다. 대표 번역어 아래에 'ㅡ' 표기를 해서 동일한 그리스어의 나머지 번역어들을 표기하였다.
- 동일한 그리스어의 대표 번역어가 아닌 번역어들은 따로 표제어로 두고, '→' 표기를 해서 대표 번역어가 무엇인지만을 밝혔다.
- 용례의 자리 표기는 OCT의 스테파누스의 쪽수와 단 표기를 기준으로 하였다. 번역과 편집 과정상 원문과 번역문의 행수가 정확히 일치하지 않을 수 있으므로 용례의 자리 표기에 약간의 차이가 있을 수 있다.

라케스

라케스

뤼시마코스, 멜레시아스, 니키아스, 라케스, 소크라테스,
뤼시마코스의 아들과 멜레시아스의 아들

뤼시마코스 니키아스 선생, 라케스 선생, 두 분께서는 그 사람이 178a
중무장을 하고 싸우는 모습[1]을 구경했소이다. 그런데 나와 여기
있는 멜레시아스가 무슨 이유로 선생들께 그 시범을 함께 구경
가자고 요청했는지 그땐 말하지 않았소만, 이젠 말하려 하오. 선
생들에게만은 솔직하게 털어놔야 한다고 생각하니까요. 그 까닭
[2]은 다음과 같소이다. 이렇게 하는 걸[3] 비웃는 자들이 있어서, 누 b
군가 그들에게 조언을 구하는 경우, 그들은 자기가 생각하는 것
을 말하려 하지 않고 오히려 조언을 구하는 자가 듣고 싶어 하는
바를 지레짐작하여 자신이 생각하는 것과는 다르게 말하곤 합니
다.[4] 그러나 우리는, 선생들이 충분히 판단할 수 있고 또한 판단
을 내리고 나서는 선생들이 생각하는 것을 있는 그대로 말할 것
이라 생각하여, 우리가 상의하고자 하는 문제들에 관해 조언을

구하고자 선생들을 초청했던 것이라오.

179a 자, 내가 이리도 길게 서두를 늘어놓고 있는 문제는 바로 다음과 같은 것이랍니다. 우리에게는[5] 여기 이 아들들[6]이 있소. 이 아이는 여기 이 사람[7]의 아들로, 할아버님의 이름을 물려받아 투퀴디데스[8]라 불리지요.[9] 그리고 또 여기 이 녀석은 내 아들인데, 이 녀석도 할아버님의 이름을, 즉 내 아버님의 이름을 갖고 있다오. 우린 이 녀석을 아리스테이데스[10]라고 부르거든요.[11] 그래서 우리는 가능한 한 온 힘을 다해 이들을 돌보기로[12] 결심했소이다. 그리고 대부분의 아버지들이 그러하듯 자식들이 청년[13]이 되었을 때 하고 싶어 하는 걸 다 하도록 그냥 내버려 두지 않기로, 아니, 이제야말로 우리가 할 수 있는 한 최선을 다해 이 아이들을 돌보기 시작해야겠다고 결심했다오.

b 그리하여 우리는 선생들께도 아들들이 있다는 걸 알고 있어서, 선생들도, 다른 누구 못지않게, 자신들의 아들들에 관해 관심을 기울였을 거라 생각했소. 이들이 어떻게 양육을 받아야 최대한 훌륭하게 될 수 있을지 말이오. 하지만 혹시라도 선생들께서 이런 문제[14]에 마음을 쏟지 못했다면, 우리는 그것을 소홀히 해서는 안 된다는 걸 상기시켜 드릴 것이고, 선생들을 모셔다가 우리와 함께 공동으로 아들들을 위해 어떤 돌봄을 행하도록 하겠소이다.[15]

니키아스 선생, 라케스 선생, 우리가 무엇 때문에 이런 결심을 했는지, 다소 장황하다 할지라도, 선생들은 들으셔야 합니다. 실은 말이오, 나와 여기 이 멜레시아스[16]는 공동 식사를 하고 있 으며, 이 두 청년도 우리와 식탁을 함께하고 있소. 그러니까 내   c 가 이 이야기를 시작하면서 말했던 대로, 우리는 선생들에게 솔 직하게 말할 것이외다.[17] 사실 우리 둘은 각자 자신의 선친과 관 련해 여러 훌륭한 공적들을 이 젊은이들에게 말해 줄 수 있다오. 그분들이 동맹국들의 일뿐만 아니라 여기 이 나라[18]의 일들을 관 장하면서, 전시에나 평화 시에나 이루었던 그 모든 공적들을 말 이오.[19] 하지만 우리 자신의 공적들에 대해서는 우리 둘은 그 누 구도 말해 줄 수가 없다오. 정말이지 이 점을 우리는 여기 있는 이 아이들 앞에서 부끄러워하고 있소이다. 그러면서 우리는 우 리 선친들을 탓하고 있기도 하지요. 그분들께서, 우리에 대해서 는, 청년이 되었을 때 우리가 안이하게 살도록 내버려 두었던 반   d 면, 다른 사람들의 일[20]에는 다망하셨다고 말이오.[21] 여기 이 젊 은이들에게도 바로 이 점들을 지적하면서, 만일 자기 자신을 소 홀히 하고 우리를 따르지 않는다면 별 볼 일 없는[22] 사람이 될 터 이지만, 그렇지 않고 자신을 잘 돌본다면 아마도 자신들이 갖고 있는 그 이름에 걸맞은 사람이[23] 될 수 있을 게라고 말한다오. 그 러자 이들은 우리의 뜻을 따르겠노라고 말하고 있소. 하지만 우 리는 사실 이런 점, 그러니까 이들이 무엇을 배우거나 익혀야 최 대한 훌륭하게 될 수 있을지를 곰곰이 살펴보고 있다오.

e   그러자 어떤 이가 우리에게 이 배울 거리[24]도 소개하였지요. 중무장을 하고 싸우는 법[25]을 배우는 것이 젊은 사람에게 좋을 거라고 말이오. 그리고 그는 방금 선생들이 구경한 저 시범을 보인 사람[26]을 칭송하였고, 그러고 나서는 그 사람을 구경 가 보라고 권하였소. 그래서 우리는 결심했지요. 우리 자신도 그 사람을 구경하러 가야겠고, 뿐만 아니라 두 분 선생도 동료 관람객으로서, 또 한편으로는, 괜찮아 하신다면, 아들들을 돌보는 것과 관련하여 조언자이자 동반자로서 함께 모셔 가야겠다고 말이오.

180a   이것이 바로 우리가 선생들과 상의하고 싶어 했던 것이라오. 그러니까 이제 두 분께서 맡아 해 주실 일은, 이 배울 거리[27]에 관해서, 그게 배워야만 한다고 여겨지는지 아니면 그렇지 않다고 여겨지는지 조언해 주시는 것이고, 그리고 다른 것들에 관해서도, 혹시 두 분께서 젊은 사람에게 배울 거리나 익힐 거리로서 뭔가 추천할 수 있는 게 있다면 마찬가지의 조언을 주시는 것이며, 그리고 이 공동의 일[28]에 관해서도 두 분께서 무슨 일을 하실 건지를 말씀하시는 것이외다.

니키아스 뤼시마코스 님, 멜레시아스 님, 저는 두 분의 뜻에 찬사를 보낼 뿐만 아니라 기꺼이 협력할 준비도 되어 있습니다. 그리고 제 생각에, 여기 있는 이 라케스도 그러할 겁니다.

b   라케스 물론이오, 니키아스, 당신 생각이 맞소. 뤼시마코스 님께서 방금 당신 자신과 멜레시아스 님의 선친들에 관하여 말씀하

신 바로 그 점은, 그분들[29]과 관련해서뿐만 아니라 우리와 관련해서도, 그리고 나라의 일을 수행하는 모든 이들과 관련해서도 아주 적절하게 말해졌다고 여겨지니까 말이오. 이런 이들[30]에게는 일반적으로, 자식들에 관해서건 다른 일들에 관해서건, 이분[31]께서 말씀하시고 있는 이런 일들이, 그러니까 사적인 일들을 하찮게 여기고 소홀히 다루는 일들이 일어나기 때문이오.

그러니까, 뤼시마코스 님, 이런 점들에 대해서는 어르신께서 잘 말씀하고 계신 겁니다. 허나 어르신께서 우리를 이 젊은이들의 교육을 위한 조언자로 부르셨으면서도 여기 이 소크라테스 선생은 부르지 않으셔서, 저는 의외라고 생각하고 있습니다. 우선 그는 어르신과 같은 구민이고요.[32] 아울러 어르신께서 젊은 사람들을 위해 찾고 계신 그런 것들이 있는 곳에서 늘 시간을 보내고 있는 사람이지요. 훌륭한 배울 거리나 익힐 거리가 있는 곳 말이죠.

뤼시마코스 그게 무슨 말이오, 라케스 선생? 정말 여기 이 소크라테스 선생이 그런 것들 가운데 뭔가에 관심을 기울여 왔단 말이오?

라케스 분명 그렇습니다, 뤼시마코스 님.

니키아스 그 점에 대해서는 저 역시도 라케스 못지않게 어르신께 말씀드릴 수 있을 겁니다. 실은 그는 바로 제게도 얼마 전에 한 사람을 제 아들을 위한 음악 선생으로 소개해 주었거든요. 아가

c

d

토클레스의 제자, 다몬[33]을 말입니다. 이 사람은 음악에 있어서
도 그 누구보다 뛰어난 사람인데다가, 다른 분야에 있어서도 어
르신이 바라시는 만큼 그 나이 또래의 젊은이들이 함께 시간을
보낼 자격이 있는 그런 사람이랍니다.

뤼시마코스 소크라테스 선생, 니키아스 선생, 그리고 라케스 선
생. 내 나이쯤 된 늙은이들은 이제 더 이상 젊은 사람들과 알고
지내지 않소이다. 나이 때문에 집에서 많은 시간을 보내기 때문
이지요. 그러나 소프로니스코스의 아들[34]이여, 선생도 선생과 같
은 구민인 여기 이 사람[35]에게 조언해 줄 수 있는 뭔가 좋은 게
있다면, 조언을 해야 하오. 그래야 마땅해요. 실은 선생은 부친
을 통해서라도 우리와 친한 사이니까 말이지요. 사실 나와 선생
부친은 늘 동료이자 친구였으며, 선생 부친이 죽을 때까지 우린
의견이 맞지 않는 것이 없었다오.[36] 그런데 지금 이렇게 말하는
동안 나에게 어떤 기억이 떠오르는군요. 여기 이 청년들이 집에
서 서로 이야기를 주고받으면서 종종 소크라테스라는 이름을 언
급하고는 무척이나 그를 칭송하였지요. 그렇지만 아직까지 나는
이 아이들에게 그들이 소프로니스코스의 아들을 말하는 건지는
물어본 적이 없어요.

　자, 애들아. 내게 말해 다오. 여기 이분이 너희가 매번 그 이름
을 언급했던 바로 그 소크라테스이시냐?

아이 : 물론입니다, 아버지, 이분입니다.[37]

뤼시마코스 헤라께 맹세코, 잘됐소, 소크라테스 선생. 선생이 더 없이 훌륭한 사람인 선생 부친을 올바르게 세우고[38] 있으니 말이오. 더군다나 선생 집안의 일이 우리 일이 되고, 우리 집안의 일이 선생 일이 될 테니 특히 잘됐소.

라케스 정말이지, 뤼시마코스 님. 그 사람을 놓아주지 마십시오. 저는 다른 곳에서도 그가 자신의 부친뿐만 아니라 조국을 올바르게 세우는 걸 보았으니까 말입니다. 그는 델리온에서의 퇴각[39] 에서 저와 함께 철수하고 있었는데요, 저는 말입니다, 어르신께 이렇게 말씀드리겠습니다. 다른 사람들이 이 소크라테스와 같은 사람이고자 했다면, 우리나라는 올바르게 서 있을 것이고, 그때 그와 같은 참패를 당하지 않았을 거라고 말입니다.

뤼시마코스 소크라테스 선생, 이건 정말이지 멋진 찬사군요. 믿을 만한 분들[40]에게서 지금 선생이 받고 있는 이 찬사 말이오. 그리고 이분들이 찬사를 보내고 있는 내용과 관련해서도[41] 그렇고요. 그러니 잘 알아주시오. 내가 이런 이야기들을 들으면서 선생이 좋은 평판을 받고 있어서 기뻐하고 있다는 걸 말입니다. 그리고 선생도 나를 선생에게 가장 큰 호의를 가지고 있는 사람들 중 한 사람으로 여겨 주시오. 그러니까 사실 더 일찍 선생 스스로 우리를 찾아와 우리를 친지들처럼 여겼어야 했소이다. 응당 그랬어야 하는 일인 양 말이오. 하지만 이제 바로 오늘부터라도, 서로를 알아보게 되었으니, 다른 생각 말고[42] 우리와도 그리고 여기

이 젊은이들과도[43] 교제하면서 알고 지내 주시오.[44] 선생과 이 젊은이들도[45] 우리의 우정[46]을 지키도록 말이오. 그러니 선생도 그렇게 해 주시지요. 그럼 우리도 계속해서 선생에게 상기시켜 주겠소이다.

그런데 그건 그렇고, 우리가 처음에 시작했던 그 문제에 대하여 여러분은 뭐라 주장하시겠소?[47] 어떻게 생각하시오? 그 배울 거리는 이 청년들에게 적절하오? 그렇지 않은가요? '중무장을 하고 싸우는 법'을 배우는 것 말이오.

d 소크라테스 물론, 뤼시마코스 님, 저는 그 문제[48]에 관해 최선을 다해 조언을 드리도록 하겠습니다. 그리고 또 어르신께서 요청하시는 모든 일들을[49] 해 보겠습니다. 그렇지만 제 생각에는, 제가 여기 이분들[50]보다 나이도 어리고 이 문제에 대한 경험도 적으므로, 우선 이분들이 무슨 말씀을 하시는지 듣고 이분들에게서 배우는 것이 가장 마땅하다고 여겨집니다. 그러다가 제가 혹 이분들이 말씀하시는 것과 뭔가 다른 의견이 있다면, 그땐 어르신께, 그리고 이분들께 그 점을 알려 드리고 설득하도록 하겠습니다. 그럼, 니키아스 님, 두 분 가운데 어느 한 분께서 말씀을 시작하시는 게 어떻겠습니까?

니키아스 좋소, 안 될 것 없소, 소크라테스 선생. 내가 생각하기에도 이 배울 거리[51]를 아는 게 젊은이들에게 여러 면에서 유용하니까 말이오. 젊은이들이, 한가로울 때 소일거리로 삼고 싶어

e

하는 그런 여타 분야가 아니라, 몸도 더 좋아질 수밖에 없는 이
분야[52]에서 시간을 보내는 것이 좋기 때문이오. ─ 이것은 그 어
떤 신체 훈련들에도 뒤떨어지지 않으며 덜 힘든 운동도 아니니 182a
까요.[53] ─ 동시에 이 훈련[54]은 기마술과 함께 특히 자유인에게
어울리는 것이기도 하기 때문이오. 오직 이런 전쟁 장비들을 갖
추고 훈련받는 사람들만이, 우리가 선수로 참여하고 있는 경합
[55]과 우리에게 경합이 제시된 상황에 맞게 훈련받고 있는 것이니
까요. 그리고 나중에 이 배울 거리는 전투 자체에서도 어떤 도움
을 줄 것이오. 대오를 맞춰 많은 다른 사람들과 싸워야 하는 경
우에 말이지요. 허나 이것은 이럴 경우에 가장 유용하오. 대오
가 흐트러져서 이젠 일대일로 붙어야 하는 경우, 즉 추격하면서,
방어하고 있는 누군가를 공격해야 하거나, 혹은 퇴각하면서, 다 b
른 사람의 공격으로부터 자신을 방어해야 하는 경우 말입니다.
이 기술에 정통한 자 한 명은, 적어도 한 명의 상대에게서는, 그
리고 어쩌면 여러 명의 상대에게서도 해를 입지 않을 것이오. 아
니, 이 모든 상황에서 그는 우위를 점할 것이오.[56] 그런데 더 나
아가 이런 종류의 배울 거리는 또 다른 훌륭한 배울 거리에 대한
욕구를 불러일으킨다오. 중무장을 하고 싸우는 법을 배운 사람
은 누구든 다음으로 전투대형과 관련된 배울 거리[57]도 배우고 싶
어 할 것이고, 이런 것들을 다 배우고 나서 자부심을 갖게 되면
장군의 지휘술[58]과 관련된 일체의 것에 열의를 보일 것이기 때문 c

이오. 그러니 이젠 분명하오. 이런 것들[59]과 관련된 모든 배울 거리들과 익힐 거리들은 훌륭하기도 하거니와 남자가 배우고 익힐 만한 커다란 가치가 있는데, 이러한 것들의 시발점이 될 수 있는 것이 바로 이 배울 거리[60]라는 것이지요. 그런데 여기에다가 결코 사소하지 않은 사항을 우리는 추가할 것이오. 바로 이 앎[61]은 전장에 있는 모든 사람을 이전의 자신보다 훨씬 더 대담하고도 더 용감하게 만들어 줄 거라는 점 말이오. 그리고 어떤 이에게는 다소 사소하게 여겨질지라도, 다음과 같은 말을 할 가치도 없다

d 고 생각하지는 맙시다. 그러니까 사람이 보다 늠름한 풍채로 보여야만 하는 그런 경우에, 그리고 동시에 그 늠름한 풍채로 인해 적들에게 또한 더 무시무시하게 보일 그런 경우에, 이 앎이 그를 보다 늠름한 풍채로도 만들어 줄 수 있다는 점 말이오.

　그러니까 뤼시마코스 님, 제가 말씀드리는 대로, 저는 젊은이들에게 이런 것들을 가르쳐야 한다고 생각하며, 제가 왜 그렇게 생각하는지도 방금 말했습니다. 하지만 라케스가 뭔가 이와 달리 말할 게 있다면, 저 자신도 그것을 기꺼이 듣겠습니다.

라케스 아니, 니키아스. 그 어떤 배울 거리에 관해서든 그걸 배워서는 안 된다고 말하기는 곤란하지요. 모든 걸 아는 건 좋다고

e 여겨지니까 말이오. 그리고 특히나 이 중무장술이, 그걸 가르치는 자들이 주장하는 바로 그런 배울 거리이고 니키아스가 말하는 그런 유의 배울 거리라면, 그건 배워야 하는 것이지요. 그렇

32

지만 이 중무장술이 배울 거리가 아닌데 그걸 가르친다고 공언하는 자들이 거짓말을 하는 거라면, 혹은 이것이 배울 거리이긴 한데 그다지 중요한 것이 아니라면, 도대체 왜 그걸 배우기까지 해야 하겠소? 내가 그것에 관해 이런 말을 하는 것은 다음과 같은 사실을 주목하고 나섭니다. 그러니까, 내가 생각하기에, 만약 이것이 뭔가 중요한 것이라면, 라케다이몬 사람들[62]이 이걸 간과했을 리 없었을 것[63]이라는 거죠. 배우고 익히기만 하면 전쟁에 있어서 다른 사람들보다 우위를 점하게 해 주는 것, 그런 것을 찾고 익히는 것 외에는 삶에서 다른 어떤 것에도 관심이 없는 그 183a 들이 말이죠. 그런데 만일 라케다이몬 사람들이 그걸 간과했다 하더라도, 적어도 그걸 가르치는 자들이 바로 다음과 같은 사실을 간과했을 리 없소. 즉 라케다이몬 사람들이 그리스 사람들 중에서 이런 유의 것들에 가장 열심이라는 사실, 그리고 누군가 라케다이몬 사람들 사이에서 이런 것들로 영예를 얻는 사람이 있다면 그 사람은 다른 이들로부터도 아주 많은 돈을 벌 수 있으리라는 점 말이오. 마치 비극 작가가 우리[64] 사이에서 영예를 얻고 나서 그러는 것과 정확히 마찬가지지요.[65] 바로 그런 까닭에, 누군가가 비극을 훌륭하게 쓴다고 생각한다면, 그는 아티케[66] 바깥 다른 나라들에서 공연을 하며 그 주변을 돌지 않고 곧장 이곳 b [67]으로 달려와 여기 이 사람들에게[68] 공연해 보이는 것이지요. 당연하게도요. 그러나 중무장을 하고 싸우는 이 사람들은, 내가 보건대, 라케다이몬을 발을 들여놓아선 안 될 신성한 곳으로 여기고 발끝으로도 걸어 들어가질 않소이다. 그리고 그 주변을 돌아다니면서 오히려 다른 모든 이들에게 시범을 보입니다.[69] 특히 자신이 전쟁 기술에 있어 많은 이들보다 못하다고 스스로 인정할 그런 사람들에게 말입니다.

c   게다가, 뤼시마코스 님, 저는 전투 현장에서[70] 이런 사람들 가운데 그리 적지 않은 사람들 곁에 있어 봤고 이들이 어떠한 자들인지를 목격하였습니다. 우리는 바로 거기에서 일어난 일로부터도 살펴볼 수 있습니다. 마치 일부러 그러기라도 한 것인 양, 중무장술을 익힌 사람들 중에서는 어느 한 사람도 아직 전투에서 이름을 떨친 적이 없거든요. 그렇지만 적어도 다른 모든 기술들에 있어서는, 각각의 기술을 익힌 사람들 중에서 이름난 사람들이 생겨나지요. 하지만 어쩌면 이 사람들은[71] 다른 사람들에 비해 이 점에 있어서 참으로 운이 없었던 건지도 모르겠습니다. 여

d   기 스테실레오스[72]도 한번 보시죠. 여러분께서는 저와 함께 이 자가 그처럼 많은 군중 속에서 시범을 보이고 자기 자신에 대하여 떠벌리는 것을 구경했는데요. 저는 다른 곳에서 이자가, 자신이 의도한 것은 아니었지만, 실전에서 실제로 더 멋진 시범을 보이는 것을 구경했답니다. 그 사정은 이러합니다. 그가 수병으로 복무하고 있던[73] 배가 어떤 한 수송선을 공격하였을 때, 그는 낫창[74]을 갖고 싸우고 있었는데요. 이 무기는, 그라는 인물도 다른

이들 중에서 별나듯, 진짜 별난 무기였지요. 자, 그자에 관한 다른 것들은 언급할 만한 게 없지만, 창머리에다 낫을 붙인 그 기발한 도구가 어떤 결과를 낳았는지는 언급할 만합니다. 그자가 e 싸우고 있는 동안 그 무기가 저쪽 배의 삭구 어딘가에 걸려서 끼여 버렸거든요. 그래서 스테실레오스는 그걸 풀어내려고 잡아당겼지만 그럴 수가 없었고, 그런 한편 그의 배가 저쪽 배를 비껴가고 있었습니다. 그래서 한동안 그자는 자기 창을 부여잡고 배 안에서 갑판을 따라 뛰고 있었지요. 그런데 저쪽 배가 그의 배를 지나쳐 가면서 창을 잡고 있는 그자를 끌어당기게 되자, 창이 184a 그의 손아귀에서 빠져나가면서 마침내 그는 창자루 끝을 붙들게 되었지요.[75] 그러자 그자의 모양새를 보고 저쪽 수송선에 타고 있던 사람들로부터 웃음과 박수 소리가 터져 나왔고, 누군가 그의 발 언저리 갑판에다가 돌을 던져 그가 자기 창을 놓아 버리게 되자 그때는 이미 그의 삼단노선에 타고 있던 사람들마저 더 이상 웃음을 참을 수가 없었습니다. 저 낫창이 저쪽 수송선에 대롱대롱 매달려 있는 것을 보고는 말입니다. 그러니 어쩌면 이러한 것들이 니키아스가 말하는 것처럼 뭔가 대단한 것일 수도 있겠습니다만, 어쨌거나 제가 마주친 일들[76]은 뭐 이런 것들이었습니다. b

그래서 제가 처음에도 말했던 것처럼,[77] 그것이 배울 거리이긴 한데, 그 유용성이 극히 미미한 것이든 혹은 그것이 배울 거리가 아닌데 그들이 그것을 배울 거리라고 말하고 배울 거리인 척 하는 것이든 간에, 그것은 배워 볼 만한 가치가 없다는 겁니다. 그러니까 실로 제가 보기에는 이러합니다. 만약 어떤 비겁한 자가 있는데, 그가 그것에 정통하다고 생각한다면, 그자는 그것 때문에 더욱 무모해져서 그가 어떤 사람인지가 더욱 분명해질 수 있을 테지요. 반면 만약 그가 용감한 사람이라면, 그는 사람들로부터 경계를 받을 것이어서, 작은 실수라도 저지른다면, 그는 커다

c 란 비방을 받을 겁니다. 이와 같은 앎을 뽐내는 것은 질시를 받기 쉬워서, 만일 그가 용맹함에 있어[78] 다른 사람들보다 놀라울 정도로 두드러지지 않는다면, 누구든 이러한 앎을 가지고 있다고 주장하는 사람은 웃음거리가 되는 것을 피할 도리가 없을 테니까요.

뤼시마코스 님, 제게는 이 배울 거리에 대해 열의를 보인다는 것이 뭐 이런 것으로 여겨집니다. 그러나 처음에 제가 어르신께 말씀드렸듯이,[79] 여기 이 소크라테스를 놓아주셔서는 안 되고요, 오히려 당면 문제에 관해 그가 어떻게 생각하는지를 조언해 달라고 부탁하셔야 합니다.

뤼시마코스 물론, 나는 부탁하오, 소크라테스 선생. 게다가, 내가

d 보기에는, 말하자면 우리의 평의회[80]가 판정을 내려 줄 사람을 필요로 하는 것 같기 때문이오. 만일 여기 이 두 사람의 의견이 일치한다면야 그와 같은 판정자가 덜 필요할 터이지만, 선생이 보시는 것처럼, 지금은 라케스 선생이 니키아스 선생과 정반대되는

의견을 내놓았으니 말이오. 그러니 선생이 그 두 사람 중 누구에게 표를 던질지를 선생에게서도 듣는 것이 좋겠기 때문이오.

소크라테스 그게 무슨 말씀이십니까, 뤼시마코스 님? 어르신께서는 그게 어떤 의견이든 우리 중 다수가 칭송하는 그런 의견을 채택하시렵니까?

뤼시마코스 누군들 달리 어찌 할 수 있겠소, 소크라테스 선생?

소크라테스 멜레시아스[81] 님, 어르신께서도 그렇게 하실 겁니까? 만일 아드님의 시합을 위해 무엇을 단련해야 하는지에 관해 어르신을 위한 어떤 평의회가 있다고 한다면, 어르신께서는 우리 중 다수를 따르시겠습니까, 아니면 그가 누가 되었든 좋은 체육 교사 밑에서 교육받고 단련한 사람을 따르시겠습니까?

멜레시아스 후자 쪽을 따르는 게 맞지요, 소크라테스 선생.

소크라테스 그렇다면 우리가 네 사람이어도 오히려 그 한 사람을 따르시겠지요?

멜레시아스 아마도.

소크라테스 훌륭하게 판결이 나도록 하고자 한다면, 제가 생각하기에는, 앎에 의거해서 판결이 나도록 해야지 다수에 의거해서는 안 되기 때문입니다.

멜레시아스 어찌 아니겠소?

소크라테스 그렇다면 지금도 먼저 바로 이 점을 살펴보아야 합니다. 우리 중 누군가가 우리가 숙고하고 있는 문제에 관하여 전문

기술을 지녔는지, 아닌지 말입니다. 그리고 만일 그런 사람이 있다면, 설사 단 한 명뿐일지라도 그자를 따르고, 다른 사람들은 상관 말아야 합니다. 그러나 만일 그런 사람이 없다면, 다른 누군가를 찾아야 합니다. 아니면 어르신께서도 뤼시마코스 님께서도 지금 이 순간 그저 하찮은 문제를 갖고 모험을 한다고 생각하십니까? 어르신들께서 소유하고 있는 것들 중 가장 중요한 것인 이 재산[82]에 관해서가 아니고요? 제 생각에는, 아드님들이 쓸모 있게 되느냐 그 반대로 되느냐에 따라, 그 아버지의 집안 전체도 그와 같이 운영될 것 같기 때문입니다. 아이들이 어떻게 자랐느냐에 따라서 말이지요.

멜레시아스 선생 말이 맞소.

소크라테스 그러니까 그 점에 대해 미리 생각을 많이 해야 합니다.

멜레시아스 물론이지요.

b 소크라테스 그렇다면 제가 방금 말한 것에 관하여,[83] 우리는 어떻게 살펴봤을까요? 만일 우리가, 우리 중에서 누가 시합에 관하여 가장 전문가인지를 찾아내고자 했더라면 말입니다. 그것을 배우고 익힌 사람이어야 하지 않았을까요? 그리고 그에게 바로 그것의 좋은 교사들도 있었던 그런 사람이어야 하지 않았을까요?

멜레시아스 나는 그렇게 생각하오.

소크라테스 그렇다면 그 전에 먼저, 우리가 교사를 찾고 있는 그것이 무엇인지를 살펴보아야 하지 않았을까요?

38

멜레시아스 무슨 말을 하는 게요?

소크라테스 다음과 같이 말한다면 아마 좀 더 분명해질 겁니다. 제가 보기에는, 우리가 처음에, 우리가 숙고하고 살펴보고 있는 것이 도대체 무엇인지에 대해, 의견의 일치를 보지 않았던 것 같습니다. 그것에 관해 우리 중 누가 전문기술을 지녔는지, 또한 그것을 위한 교사들을 두었는지, 그리고 누가 그러하지 않았는 c 지는 물어 보면서 말입니다.

니키아스 아니, 소크라테스 선생, 우리는 '중무장을 하고 싸우는 법'에 관하여 살펴보고 있었던 게 아니오? 젊은이들이 그것을 배워야 하는지 그렇지 않은지에 관해 말이오.

소크라테스 물론 그렇습니다, 니키아스 님. 하지만 누군가 눈에 바르는 어떤 약에 관해 그 약을 발라야 하는지 그렇지 않은지 살펴보고 있는 경우, 어르신께서는 이때 자문하는 평의회가 약에 관한 것이라고 생각하십니까, 아니면 눈에 관한 것이라고 생각하십니까?

니키아스 눈에 관해서지요.

소크라테스 그렇다면 누군가 말에게 재갈을 물려야 하는지 말아 d 야 하는지, 그리고 언제 그래야 하는지를 살펴보고 있는 경우, 아마도 그때 그는 말에 관해 숙고하고 있는 것이지, 결코 재갈에 관해서가 아니겠지요?

니키아스 맞소.

소크라테스 그렇다면 한마디로, 누군가 어떤 것을 위해 뭔가를 살펴보고 있는 경우, 평의회는 그가 살펴보고 있던 어떤 것(목적 대상)에 관한 것이지, 어떤 것(목적 대상)을 위해 찾고 있던 그 뭔가에 관한 게 아닙니다.[84]

니키아스 당연하오.

소크라테스 그럼 그 조언자도 살펴보아야 합니다. 그 조언자가, 우리가 어떤 것을 살펴보고 있을 때 살펴보고 있는 그 목적 대상을 보살핌에 있어 전문기술을 지닌 사람인지 말입니다.

니키아스 물론이오.

e 소크라테스 그렇다면 지금 우리는 이 젊은이들의 영혼을 위해서 배울 거리에 관해 살펴보고 있다고 주장하고 있는 게 아니겠습니까?

니키아스 맞소.

소크라테스 그럼 우리 가운데 누군가가 영혼의 보살핌에 관해 전문기술을 지녔는지, 이것을 잘 보살필 수 있는지, 그리고 누구에게 좋은 교사들이 있었는지, 이 점을 살펴보아야만 합니다.

라케스 뭐라구요, 소크라테스 선생? 선생은 어떤 분야들에서는 교사들이 있는 경우보다 교사들 없이 더 전문기술을 지니게 된 사람들을 아직 본 적이 없소?

소크라테스 저는 본 적이 있긴 합니다만, 라케스 님. 그런데 그런 경우, 만일 그들이 자신이 훌륭한 장인들이라고 주장하더라도,

자기 기술로 만들어진 결과물을, 그것도 잘 만들어진 결과물을, 하나이든 여럿이든 선생님께 보여 줄 수 없다면, 선생님께서는 그들을 신뢰하고 싶어 하지 않으시겠지요.

라케스 그 점에 있어선 정말 선생 말이 맞소.

소크라테스 그렇다면, 라케스 님, 니키아스 님, 우리 또한 다음과 같이 해야 합니다. 뤼시마코스 님과 멜레시아스 님께서 두 아드님의 영혼이 가능한 한 훌륭하게 되기를 간절히 바라셔서 이들에 관한 조언을 구하고자 우리를 부르셨으니까요. 한편으로, 만일 우리가 교사들이 있었다고 주장한다면,[85] 우리는 이분들께 우리에게 있었던 교사들이 어떤 분들이었는지, 그러니까 분명 우선 그 교사들 자신이 훌륭한 분들이며 많은 젊은이들의 영혼을 보살핀 적이 있고 그다음으로는 그들이 우리도 가르쳤다는 것을 보여 드려야 합니다. 그렇지 않고, 바로 우리들 중 누군가가 자

신에게 교사는 없었으나 자신의 결과물들은 갖고 있다고 주장한다면, 그는, 아테네 사람들이나 이방인들 가운데 누군가가, 노예이건 자유인이건 간에, 누구나 인정하건대 그로 인하여 훌륭한 사람으로 되었다는 걸 말하고 보여 주어야 합니다. 그러나 다른 한편으로,[86] 만일 우리가 이 두 가지 어떤 경우에도 해당되지 않는다면,[87] 우리는 이분들께 다른 사람들을 찾으시라고 권해 드려야 하며, 감히 동료들의 자제들을 걸고 모험을 하여 아이들을 망쳐 놓는다는 가장 큰 비난을 가장 친한 사람들로부터 받는 일이

없도록 해야 합니다.[88]

c   그럼, 뤼시마코스 님, 멜레시아스 님, 저는 먼저 저 자신과 관련해서, 저에게는 이런 것을 위한 교사가 없었다고 말하겠습니다. 그렇지만 저는 젊었을 때부터 그 일을 몹시 원하기는 했지요. 하지만 저는 소피스트들에게 보수를 지불할 수가 없었습니다. 자신들만이 저를 아름답고도 훌륭한 사람으로 만들어 줄 수 있다고 공언한 바로 그 사람들에게 말이지요. 그런데 저 자신은 또 지금까지 그 기술을 찾을 수도 없었습니다. 하지만 만일 니키아스 님이나 라케스 님께서 그것을 찾아내셨거나 배우셨다 하더라도 저는 놀라지 않을 겁니다. 이분들은 재산면에서도 저보다 훨씬 능력이 있으셔서 다른 이들로부터 배우셨을 수도 있고, 또한 저보다 연장자이시기도 해서 이미 그것을 찾아내셨을 수도 d 있기 때문입니다. 저에게는 정말로 두 분께서 사람을 교육할 수 있는 능력을 갖추셨다고 여겨집니다. 익힐 거리가 젊은이에게 유익한지 해가 되는지에 관해, 충분히 알고 있다고 스스로 확신이 서지 않는다면, 결코 두려움 없이 자신의 의견을 밝히지 않으실 것이기 때문입니다. 그래서 저는 다른 문제들에 있어서는 이분들을 신뢰합니다. 그런데 이 문제에 있어서는 이 두 분께서 서로 의견이 맞지 않아 깜짝 놀랐습니다.

그러므로, 뤼시마코스 님, 제가 거꾸로 어르신께 부탁드리겠습니다. 방금 전에[89] 라케스 님께서 어르신께 저를 놔주지 마시고 저에게 물어보시라고 간권하셨던 것처럼, 저도 이제 어르신께 라케스 님과 니키아스 님을 놓아주지 마시고 다음과 같이 물어보시라고 권유드리겠습니다. 즉, "소크라테스는 자신이 그 문제에 관해 전문지식이 없으며 두 분 선생 중 누가 맞는 말을 하는지 구별하기에 적임자가 아니라고 주장합니다. 그는 그와 같은 문제들에 대한 발견자도 그 누구의 제자도 아니었다고 하니까요. 하지만 라케스 선생, 니키아스 선생, 두 분 선생은 각자 젊은이들의 양육에 관하여 능력이 아주 뛰어난 누군가와 함께 지내 본 적이 있는지 우리에게 말해 주시지요. 그리고 선생들이 누군가로부터 배워서 알고 있었던 건지, 아니면 선생들 스스로가 찾아내어 알고 있었던 건지 말해 주시고요. 선생들이 배운 거라면, 선생들 각자를 위한 교사가 누구였는지, 그들과 같은 기술의 전문가들로 다른 사람들은 누가 있었는지 말해 주세요. 혹 나랏일로 인해 두 분 선생에게 여가가 없다면, 우리가 그들에게 가서, 선물이나 사례물로, 아니면 둘 다를 가지고 우리 아이들과 선생들의 아이들을 돌보아 달라고 설득하기 위해서 말입니다. 이 아이들이 변변찮은 사람이 되어 자신의 조상을 욕되게 하지 않게끔 말이죠. 하지만 만일 선생들 스스로가 그와 같은 것의 발견자라면, 이미 다른 누군가를 돌보아서 변변찮은 자들을 아름답고도 훌륭한 사람들로 만든 사례를 보여 주시지요. 만일 지금 두 분 선생이 교육하는 것을 처음으로 시작하려는 거라면, 선생

e

187a

b

들의 모험이 카리아 사람[90]이 아니라 선생 아들들과 선생 친구들의 아이들을 걸고 감행하는 건 아닌지, 그리고 그야말로 속담에서 이르는 말마따나, '포도주 항아리로 도기 만드는 기술을 시작하는 일'[91]이 선생들에게 일어나고 있는 건 아닌지 살펴보아야 하기 때문입니다. 그러니 이런 경우들 중 어떤 경우가 선생들에게 해당되고 맞다고 긍정하시는지, 부정하시는지 말해 주십시오."[92]

뤼시마코스 님, 이러한 것들을 이분들로부터 알아보시고 이분들을 가게 내버려 두지 마십시오.

뤼시마코스 여러분, 내가 보기엔 소크라테스 선생이 정말 훌륭하

c 게 말하고 있소. 하지만, 니키아스 선생, 라케스 선생, 선생들이 이 문제들에 관해 질문을 받고 설명을 하고 싶어 하는지는, 정말이지 선생들 스스로가 판단해야 하오. 사실 나와 여기 있는 멜레시아스는, 두 분 선생께서 소크라테스 선생이 질문하고 있는 모든 것들에 대해 상세한 설명들을 해 주시고자 한다면, 분명 기쁠 것이오. 내가 처음 말을 시작했던 것도 여기서부터였으니까요.[93] 그러니까 우린 조언을 구하고자 두 분 선생을 모셨고, 이는 선생들이 이와 같은 문제들에 당연히 관심을 기울였을 거라고 생각을 해서였다고 말입니다. 특히나 선생들의 자제들이 우리 아

d 이들과 마찬가지로 교육받을 나이가 거의 되었으니까요. 그러니 선생들에게 이견이 없다면, 말씀을 해 주시고 소크라테스 선생과 함께 공동으로 살펴봐 주시지요. 서로서로 논변을 주고받으

면서 말이오. 소크라테스 선생이 바로 이런 점에 대해서도 말씀을 잘하고 있으니까요. 지금 우리가 우리의 소유물들 중 가장 중요한 것에 관하여[94] 숙고하고 있다고 말입니다. 자, 그렇게 해야 한다고 여겨지는지 두 분 선생께서 생각해 보시지요.

니키아스 뤼시마코스 님, 제게는 어르신께서 실은 소크라테스 선생을 그의 부친을 통해서만 알고 계시며, 아이였을 때 말고는 그와 같이 있어 보신 적이 없다는 생각이 듭니다. 아마도 그가 부친을 따라왔다가 구민들 속에서[95] 어르신 가까이에 있게 되었던 때였겠지요. 신전이나 구민들의 다른 집회 같은 데서요. 하지만 그가 나이가 꽤 들고 나서는 어르신께서 이 사람과 여태 만나 보신 적이 없었던 게 분명합니다.

뤼시마코스 정확히 뭣 때문에 그런 말을 하는 거지요, 니키아스 선생?

니키아스 제겐 어르신께서 다음과 같은 사실을 모르고 계신다고 여겨집니다. 그러니까 누구든지 소크라테스 선생과 매우 가까이 지내면서[96] 대화를 하며 교제하는 사람은, 혹 그가 먼저 뭔가 다른 주제로 대화를 시작했더라도, 그는 계속해서 이 사람[97]에게 말로 이리저리 끌려다니지 않을 수가 없을 터인데, 결국 지금 자신이 어떤 방식으로 살아가고 있으며 어떻게 지난 삶을 살았는지 자신에 관해 해명하는 상황에 걸려들 때까지 그렇게 될 거라는 겁니다. 그리고 그가 걸려들고 나면, 이것들을 모두 훌륭하게 잘 시험해 보기 전까지는 소크라테스 선생이 먼저 그를 놔주지 않을 거라는 거죠. 그러나 저는 여기 이 사람에게 익숙해져 있으며 또한 이 사람에 의해 사람들이 이런 일들을 겪을 수밖에 없다는 것도 알고 있습니다. 더 나아가 저 자신이 이 일들을 겪을 거라는 점도 잘 알고 있습니다. 뤼시마코스 님, 사실 저는 이 사람과 교제하고 있어서 기쁩니다. 또한 그리 훌륭하지 않게 행했거나 행하고 있는 것을 상기하는 건 전혀 나쁜 일이 아니라고 생각합니다. 아니 오히려 남아 있는 삶을 위해 더욱 더 미리 생각을 기울일 수밖에 없다고 생각합니다. 이러한 일들[98]을 피하지 않고, 솔론의 말[99]에 따라 살아 있는 한 배우기를 원하며 가치 있게 여기는 사람이라면, 그리고 노령이 분별력을 갖고 자신에게 다가오는 것은 아니라고 생각하는 사람이라면 말이죠. 그러니 저로서는 소크라테스 선생에게 시험받는 것이 생소할 것도 불쾌할 것도 전혀 없습니다. 오히려 저는 벌써 오래 전부터 대강 알고 있었지요. 소크라테스 선생이 참석하게 되면 우리 논의는 청년들에 관해서가 아니라 우리 자신에 관해 이루어질 거라는 점을 말입니다. 그래서 제가 말씀드렸듯이, 저는 소크라테스 선생이 원하는 방식대로 소크라테스 선생과 함께 시간을 보내는 데 어떤 이의도 없습니다. 하지만 여기 라케스가 이와 같은 것에 대해 어떤 마음을 품고 있는지를[100] 보시지요.

라케스 니키아스, 나야 논의에 관해 단순하오. 하지만 이렇게 말해도 된다면 단순하지 않고 이중적이오. 어떤 사람에겐 내가 논의를 좋아하는 사람으로 여겨지는가 하면 또 논의를 싫어하는 사람[101]으로도 여겨질 수 있기 때문이오. 그 까닭은 이렇소이다. 나는 어떤 사람이 덕에 관해서나 어떤 지혜에 관해 대화를 나누고 있는 것을 들을 경우, 그가 진짜 사람이고 자기 말값을 하고 있다면, 엄청나게 기뻐하오. 말하고 있는 자와 그자가 하는 말이 서로 잘 맞고 조화를 이루고 있는 것을 함께 보면서 말이지요. 그리고 내겐 그와 같은 사람이 딱 음악적인 사람이라 여겨지는데, 그는 가장 아름다운 음계[102]를, 뤼라나 놀이 악기가 아니라, 실제로[103] 자기 자신이 자신의 삶을 말과 행동이 일치하는 상태로 조율해 낸 사람입니다. 순전히 도리스 선법으로 말이오. 이오니아 선법으로가 아니라, 내 생각으론 프뤼기아 선법이나 뤼디아 선법으로도 아니며, 유일한 그리스적 음계인 바로 그 도리스 선법[104]으로 말이오. 그래서 그와 같은 사람은 말을 할 때 나를 기쁘게 하며 누구에게든 나를 논의를 좋아하는 사람으로 여겨지게 합니다. — 그처럼 열렬히 나는 그가 말하는 것들을 받아들인다오. — 반면 이와 반대로 행하는 자는 나를 고통스럽게 하는데, 그자가 말을 더 잘한다고 여겨질수록 그만큼 나를 더욱 고통스럽게 하여, 이번에는 나를 논의를 싫어하는 사람으로 여겨지게끔 합니다. 그런데 나는 말이오, 소크라테스 선생의 말들은 겪어 보지 않았으나 이전에 그의 행위들은 경험했던[105] 것 같고,

d

e

189a 거기서 나는 그가 훌륭한 말들과 온갖 솔직한 발언을 할 자격이
      있다는 걸 알았다오. 그러니 그가 이러한 면[106]까지 갖추고 있다
      면 나는 이 사람과 한마음이 될 겁니다. 그리고 나는 그와 같은
      사람에게서 아주 즐거이 검토받을 것이고, 배우는 것에 짜증 내
      지도 않을 겁니다. 오히려 나 역시 솔론에게,[107] 한 가지만 덧붙
      여, 동의합니다. 늙어 가면서는 많은 가르침들을 오직 훌륭한 사
      람들한테서만 받고 싶기 때문입니다. 자, 솔론도 이 점에서 내게
      동의하게 하시지요. 가르치는 사람 자신도 훌륭한 사람이라는
      점을 말입니다. 내가 배움을 싫어해[108] 더디 배우는 자로 보이지
      않도록요. 그런데 가르치고 있는 자가 나이가 더 어리거나[109] 아
   b 직 명성이 없거나 그와 같은 다른 어떤 상황이라 하더라도, 그건
      내게 아무 상관없소. 그러니 소크라테스 선생, 나는 말이오, 선
      생 마음 내키는 대로 나를 가르치고 논박하라고 제안하겠소. 또
      내가 아는 것을 배우라고도 제안하겠소. 선생은 그날[110] 이후 내
      게 그렇게 생각되고 있소이다. 그날 선생은 나와 위험을 함께 헤
      쳐 나왔고 선생 자신의 용맹함의 증거[111]를 보여 주었소. 제대로
      보여 주고자 하는 사람이 보여 주어야만 하는 그 증거를 말이오.
      그러니 우리 나이를 개의치 마시고[112] 선생 하고 싶은 대로 말씀
      하시지요.
   c 소크라테스 조언을 주실 준비나 함께 살펴보실 준비가 안 되었다
      고 우리가 두 분[113]을 탓하진 않을 것 같습니다.

48

뤼시마코스 아니, 소크라테스 선생, 그건 정말 우리 일이오. 나로서는 선생을 우리 중 한 사람으로 여기고 있으니까요. 그러니까 나 대신 젊은이들을 위해 우리가 여기 이 두 분으로부터 알아볼 필요가 있는 게 무엇인지 살펴봐 주시오. 그리고 이분들과 대화를 나누며 조언을 해 주시지요. 나는 내 나이 때문에 내가 묻고자 하는 것들 중 많은 것들을, 또 내가 듣는 많은 것들을 바로 잊어버리고, 또 한편으로 논의 중간에 다른 논의가 들어오게 되면 전혀 기억하질 못하기 때문이오. 그러니 세 분 선생들[114]께서 우리가 앞서 제안했던 주제들에 관해 선생들끼리 말씀을 나누시고 세밀히 검토해 주시지요. 나는 들을 것이고, 듣고 나서는 또 여기 이 멜레시아스와 함께 여러분이 무슨 결정을 내리건 그걸 실행하겠소이다.

소크라테스 니키아스 님, 라케스 님, 우리는 뤼시마코스 님과 멜레시아스 님의 말씀을 따라야 합니다. 그러니 지금 막[115] 우리가 살펴보려고 했던 것들, 그러니까 그와 같은 교육을 위한 교사들로 우리에게 누가 있었는지, 혹은 우리가 좀 더 나은 사람으로 만든 다른 사람들로는 누가 있었는지,[116] 이런 것들에 대해서도 우리 자신을 자세히 검토해 보는 것이 아마 그리 나쁘진 않을 겁니다. 그러나 저는, 바로 다음과 같은 것들에 대한 고찰도 같은 결과를 낳는다고, 아니 어쩌면 보다 근원적인 문제라고나 할까 그렇게 생각하고 있습니다. 자, 만일 어떤 것에 있게 되면 그 어떤 것을 더 좋게 만드는 무언가에 관해 우리가 알고 있다고 해 봅시다. 더 나아가 그것을 그 어떤 것에 있게 되도록 우리가 만들 수 있다고도 해 봅시다. 그렇다면 우리는 적어도 바로 그것을, 어떻게 해야 누군가가 그것을 가장 쉽고도 가장 잘 획득할 수 있을지 우리가 조언자가 될 바로 그것을 알고 있는 것이 분명합니다. 아마 여러분께서는 제가 말씀드리는 것을 이해하지 못하고 계시겠지요. 하지만 바로 이런 식이라면 보다 쉽게 이해하실 겁니다. 만일 시각이 눈에 있게 되면 그 눈을 더 좋게 만든다는 것을 우리가 알고 있다고 해 봅시다. 더 나아가 우리가 시각을 눈에 있도록 만들 수 있다고도 해 봅시다. 그렇다면 우리는, 적어도 바로 이 시각이 도대체 무엇인지를 알고 있는 것이며, 그리고 이 시각에 관하여 어떻게 해야 누군가가 그것을 가장 쉽고도 가장 잘 획득할 수 있을지 조언자가 될 것이 분명합니다. 만약 우리가 시각이 도대체 무엇인지 청각이 무엇인지 이것 자체를 모르고 있다면, 우리는 눈에 관해서나 귀에 관해서 어떤 식으로 해야 누군가가 청각이나 시각을 가장 훌륭하게 획득할 수 있을지를 논할 만한 조언자와 의사가 도저히 될 수 없을 것이기 때문입니다.

라케스 선생 말이 맞소, 소크라테스 선생.

소크라테스 그렇다면, 라케스 님, 지금도 여기 두 분 어르신께서, 어떤 식으로 해야 덕이 이분들 아드님들의 영혼에 있게 되어 이들을 보다 훌륭하게 만들 수 있을지 조언을 구하고자 우리를 부르신 게 아닙니까?

라케스 물론이오.

소크라테스 그렇다면 우리가 이미 적어도 덕이 도대체 무엇인지를 알고 있어야 하겠지요?

우리가 덕이 도대체 무엇인지를 전혀 모르고 있다면, 어떤 식으로 우리가 그 누군가에게 어떻게 그것을 가장 훌륭하게 획득 c
할 수 있을지에 대한 조언자가 될 수 있겠습니까?

라케스 어떤 방도도 없다고 나는 생각하오, 소크라테스 선생.

소크라테스 그렇다면, 라케스 님, 우리는 덕이 무엇인지를 안다고 말하고 있는 셈입니다.

라케스 물론 우린 그렇게 말하고 있소.

소크라테스 그렇다면 적어도 우리가 알고 있는 것에 대해서는 그것이 무엇인지 우린 분명 말할 수도 있을 겁니다.

라케스 어찌 아니겠소?

소크라테스 그러면, 참으로 훌륭하신 선생님, 곧바로 덕 전체에 관해 살펴보지 말고, — 아마 그건 너무 큰 일이 될 테니까요. — 덕의 어떤 한 부분에 관해 우리가 그걸 알기에 충분한 능력이 있는지를 먼저 알아봅시다. 우리에게도 분명 그 고찰이 더 쉬울 듯 d
합니다.

라케스 그럼 그렇게 합시다, 소크라테스 선생. 선생이 원하는 대로.

소크라테스 그렇다면 우리는 덕의 부분들 중 어떤 것을 채택할 수 있을까요? 그건 '무장 하고 싸우는 법'에 대한 배움이 지향한다고 여겨지는 것이라는 게 분명하지 않을까요? 아마도 많은 사람들에게 그건 용기를 지향한다고 여겨질 것 같습니다. 그렇지 않습니까?

라케스 확실히 정말 그런 것 같소.

소크라테스 그렇다면, 라케스 님, 먼저 이것, 곧 용기란 도대체 무엇인지에 대해 말해 보도록 합시다. 그러고 나서 그 다음으로

e 용기가 어떤 방식으로 젊은이들에게 있게 될 수 있는지도 우린 살펴볼 겁니다.[117] 그게 익힐 거리와 배울 거리를 통해 생겨날 수 있는 것인 한에서 말이죠. 자, 제가 묻는 것에 대해 말씀해 보십시오. 용기란 무엇입니까?

라케스 소크라테스 선생, 제우스께 맹세코, 그건 말하기 어렵지 않소. 누군가 대오를 지키면서 적들을 막아 내고자 하고 도망치지 않는다면 그는 용감한 사람일 거[118]라는 점을 잘 알아두시지요.

소크라테스 참으로 잘 말씀하셨습니다, 라케스 님. 그렇지만 제 탓인 것 같네요. 제가 분명치 않게 말을 하는 바람에 선생님께서 제가 질문하면서 염두에 둔 것이 아니라 다른 것에 대해 대답하셨으니 말입니다.

라케스 무슨 말을 하는 게요, 소크라테스 선생?

소크라테스 제가 할 수 있다면 설명해 보겠습니다. 이 사람은, 선 191a
생님께서도 말씀하고 계시지만, 대오를 지키면서 적들과 싸우는
이러한 사람은 아마 용감한 사람일 겁니다.

라케스 난 그렇게 주장하오.

소크라테스 저 역시 마찬가지입니다. 그러나 또 이런 사람은 어떻
습니까? 적들과 싸우기는 하나 제자리를 지키지 않고 도망치며
싸우는 사람 말입니다.

라케스 도망치다니 그게 무슨 말이오?[119]

소크라테스 이를테면 어딘가에서 스퀴티아 사람들[120]은 '추격하면
서 싸우는 것' 못지않게 '도망치면서 싸운다'라고 말해지지요. 그
리고 호메로스도 어디선가 아이네이아스의 말들을 칭송하면서
그 말들이 '이리저리 너무도 민첩하게' '추격하고 도주하는 법을   b
안다'[121]고 말했습니다. 또한 그는 바로 아이네이아스 이자를 이
런 점 때문에, 그러니까 도주[122]에 대한 앎 때문에 극찬하고, 그
를 '도주를 일으키는 자'[123]라고 말했습니다.

라케스 그래요, 정말 훌륭합니다. 소크라테스 선생, 그는 전차들
에 관해 말하고 있었으니까요. 선생도 스퀴티아 기마병의 전법
에 관해 말하고 있군요. 스퀴티아 기병대가 그렇게 싸우긴 하지
요. 하지만 어쨌든 그리스 중무장 보병대는 내가 말하는 대로입
니다.[124]

소크라테스 라케스 님, 아마 라케다이몬 중무장 보병대는 제외하

c 고 그럴 겁니다.[125] 라케다이몬 사람들은 플라타이아에서 버들가
지 방패병대[126]와 맞서게 되었을 때, 제자리를 지키면서 그들과
맞서 싸우려고 하지 않고 도망쳤으며, 그러고 나서 페르시아 사
람들의 대오가 흐트러지고 나서야 마치 기마병처럼 돌아와 싸웠
고, 그런 식으로 거기 그 전투에서 승리했다고 사람들이 말하기
때문입니다.

라케스 선생 말이 맞소.

소크라테스 그래서 제가 방금 전에 그렇게, 선생님께서 대답을 잘
하지 못하신 것은 제 탓이라고 했던 겁니다.[127] 제가 질문을 그리
d 잘하지 못했으니까요. 사실 저는 선생님에게서 단지 중무장 보
병대에 있는 용감한 자들뿐 아니라 기병대에 있는 그리고 온갖
전투 부대에 있는 용감한 사람들에 대해서도 듣고 싶습니다. 또
전쟁에서 용감한 사람들뿐만 아니라 바다에서 만나게 되는 위험
에서 용감한 사람들에 대해서도, 또한 질병과 맞서는 용감한 사
람들과 빈곤이나 정치적 일에 맞서 용감한 모든 사람들에 대해
서도 선생님의 의견을 듣고 싶습니다. 더 나아가 고통이나 무서
움에 맞서는 용감한 이들뿐만 아니라 욕구나 쾌락에 맞서 싸우
e 는 능력이 놀라운 그 모든 자들에 대해서도 듣고 싶습니다. 제자
리를 지키기도 하고 등을 돌리기도 하면서 말입니다. 라케스 님,
이와 같은 일들에서도 어딘가 용감한 이들은 있을 테니까요.

라케스 전적으로 그렇소, 소크라테스 선생.

소크라테스 그럼 그들은 모두 용감한 자들입니다. 그렇지만 어떤 이들은 쾌락 속에서, 어떤 이들은 고통 속에서, 어떤 이들은 욕구 속에서, 그리고 또 어떤 이들은 무서움 속에서 용기를 갖고 있습니다. 한편 또 어떤 이들은, 제 생각으로는, 같은 상황 속에서 비겁함을 갖고 있기도 합니다.

라케스 물론이오.

소크라테스 도대체 이 둘 각각[128]이 무엇인지요? 이게 제가 알아보고 있던 겁니다.[129] 그럼 다시 먼저 용기에 대해 말씀해 보시지요. 이 모든 상황 속에 동일하게 있는 용기란 무엇인지 말입니다. 아니면 선생님께서는 제가 말하는 것을 아직 잘 이해하지 못하시겠습니까?

라케스 잘은 모르겠소.

소크라테스 자, 제가 말하고 있는 것은 이런 겁니다. 이를테면 제 192a 가 빠름이란 게 도대체 무엇인지를 묻는 경우, 저는, 달릴 때에도 우리에게 있고, 키타라를 연주할 때에도 우리에게 있고, 말할 때에도 배울 때에도 그리고 다른 온갖 활동 시에도 우리에게 있는 빠름에 대해 묻고 있는 겁니다. 즉 우리는 사실상, 언급할 만한 모든 것에서, 그러니까 손의 움직임이나 다리의 움직임에서, 입과 목소리의 움직임에서, 혹은 사유의 활동에서 빠름을 갖고 있습니다. 선생님께서도 이런 식으로 말씀하시지 않습니까?

라케스 물론이오.

소크라테스 그렇다면 누군가 저에게, "소크라테스, 너는 네가 모든 것에서 빠름이라고 부르는 이것을 무엇이라고 말하느냐?"라고 묻는다고 합시다. 그럼 저는 그에게 이렇게 말할 겁니다. 짧은 시간에 많은 것을 해내는 힘을 저는 빠름이라 부른다고요. 목소리에 관해서든 경주에 관해서든 다른 온갖 것들에 관해서든 말입니다.

라케스 아주 옳은 말씀이오.

소크라테스 라케스 님, 그러면 선생님께서도 용기에 대해 그런 식으로 말씀해 보시지요. 쾌락 속에서도 고통 속에서도 그리고 우리가 방금 말했던 그 모든 것들 속에서 동일하게 있는 그것이 무슨 힘이기에 용기라고 불리는지요.

라케스 자, 그러면 그건 '영혼의 어떤 인내'[130]라고 내게 생각되오. 모든 경우에서 나타나는 그 본성을 말해야 한다면 말이오.

소크라테스 물론 그렇게 말해야 합니다. 적어도 제기된 질문에 대해 우리 스스로 대답을 하려면요. 자 이제, 제겐 이렇게 보입니다. 제가 생각하듯이 적어도 모든 인내가 다 선생님께 용기로 보이진 않을 것 같습니다. 제가 그렇게 추정하는 까닭은요, 라케스 님, 저는 선생님께서 용기가 아주 훌륭한 것들에 속한다고 생각하고 계시다는 걸 대강 알고 있기 때문입니다.

라케스 그래요, 가장 훌륭한 것들에 속하는 걸로 아셔도 좋소.

소크라테스 그렇다면 현명함을 동반한 인내가 아름답고 훌륭하지 않을까요?

라케스 물론이오.

소크라테스 반면 어리석음을 동반한 인내는 어떻습니까? 앞의 것   d
과 반대로 해롭고 유해하지 않겠습니까?

라케스 그렇소.

소크라테스 그러면 선생님께서는 유해하고 해로운데도 그런 것을
훌륭하다 말씀하시겠습니까?

라케스 당연히 안 되지요. 소크라테스 선생.

소크라테스 그럼 선생님께서는 적어도 이런 인내[131]가 용기라는
데에 동의하진 않으실 겁니다. 이런 인내는 훌륭하지 않으니까
요. 반면 용기는 훌륭한 것이지요.

라케스 선생 말이 맞소.

소크라테스 그럼 선생님 말씀에 따르면 현명한 인내가 용기[132]일
수 있겠습니다.

라케스 그런 것 같소.

소크라테스 그럼 봅시다. 무엇과 관련해서 현명한 인내인지요?   e
크든 작든 모든 것과 관련해선가요? 가령 어떤 자가 돈을 써야
더 많이 벌 거라는 점을 알고서 현명하게 꾹 참고 돈을 쓴다면,
선생님께서는 이자를 용감한 자라고 부르시겠습니까?

라케스 제우스께 맹세코, 결코 아니오.

소크라테스 그럼, 가령 만약 어떤 의사가 있는데, 그의 아들이나

다른 어떤 사람이 폐렴에 걸려 마실 것이나 먹을 것을 달라고 부

193a 탁할 때, 그가 굽히지 않고 버틴다면요?

라케스 그런 것도 절대로 용기가 아니오.

소크라테스 그런데 전쟁에서 버티며 싸우고자 하는 사람이 현명하게 계산하고 있을 때, 즉 다른 사람들이 자신을 도와줄 것이고, 그런 한편 자신은 자기편보다 수가 적고 변변찮은 자들을 상대로 싸우고 있으며, 게다가 상대보다 우세한 위치를 점하고 있다는 걸 알고 있을 때, 선생님께서는 그런 식의 현명함과 대비를 갖추고서 버티는 이 사람을 더 용감하다고 말씀하시겠습니까, 아니면 상대편의 진영에 남아 버티고자 하는 사람을 더 용감하다고 말씀하시겠습니까?

b 라케스 상대편 진영에 있는 사람이 더 용감하다고 나는 생각하오, 소크라테스 선생.

소크라테스 그렇지만 이자[133]의 인내가 저 앞사람의 인내보다 더 어리석은 것이긴 하지요.

라케스 선생 말이 맞소.

소크라테스 그렇다면 선생님께서는 기마술의 앎[134]을 갖고서 기마전에서 버티는 자 역시 그런 앎 없이 버티는 자보다 덜 용감하다고 말씀하시겠군요.

라케스 나로서는 그렇게 생각되오.

소크라테스 그리고 투석술이나 궁술 혹은 다른 어떤 기술을 갖고

서 버티는 자에 대해서도 그렇다고 말씀하실 테고요.

라케스 물론이오.

c

소크라테스 그리고 우물 속에 내려가 잠수하면서,[135] 능력이 뛰어나지 않은데도, 이런 일이나 이런 유의 다른 어떤 일에서 버티고자 하는 자들에 대해서도, 이런 일들에서 능력이 뛰어난 자들보다 더 용감하다고 선생님께서는 말씀하실 겁니다.

라케스 누군들 달리 뭐라 말할 수 있겠소, 소크라테스 선생?

소크라테스 달리 말할 게 없지요. 그런 식으로 생각하는 한에서는 말이죠.

라케스 하지만 정말로 나는 그렇게 생각하오.

소크라테스 그렇지만, 라케스 님, 그런 사람들은요, 기술을 갖고 그걸[136] 행하는 사람들보다 정말 더 어리석게 버티며 모험을 하는 것 같습니다.

라케스 그렇게 보이는군요.

소크라테스 그런데 어리석은 만용과 인내심은 앞에서 우리에게 수치스럽고 해로운 것으로 여겨지지 않았나요?[137]

d

라케스 물론 그랬소.

소크라테스 그러나 용기는 훌륭한 것이라는 데에 우리가 동의했고요.[138]

라케스 우린 동의했소.

소크라테스 그러나 이제는 다시 거꾸로 우리가 이 수치스러운 것이, 즉 어리석은 인내심이 용기라고 말하고 있습니다.

라케스 그러고 있는 것 같소.

소크라테스 그렇다면 선생님께는 우리가 맞게 말하고 있다고 여겨지십니까?

라케스 제우스께 맹세코, 소크라테스 선생, 그러고 있지 않은 것으로 여겨지는군요.

소크라테스 그렇다면 라케스 님, 저와 선생님은 선생님 말씀에 따
e 르자면 도리스 선법으로 조율[139]하지 못한 것 같습니다. 우리의 행위가 우리의 말과 일치하지 않았으니까요. 행위에 있어서는 우리가 용기를 나눠 갖고 있다고 누군가 말을 할 수도 있을 것 같습니다만, 말에 있어서는, 지금 우리의 대화를 듣는다면, 제 생각엔 그렇게 말할 사람이 없을 것[140] 같기 때문입니다.

라케스 선생 말이 정말로 맞소이다.

소크라테스 그럼 어떻습니까? 우리가 이런 상태로 있는 게 좋아 보이십니까?

라케스 전혀 그렇지 않소.

소크라테스 그러면 우리가 말하고 있는 걸 우리가 이 정도 선에서 따르길 선생님은 바라시는지요?

라케스 어느 정도로? 그리고 어떤 말 말이오?

194a 소크라테스 인내하라고 명하는 그 말 말입니다. 그러니 선생님께서 괜찮으시다면, 우리도 그 탐구에 계속 머물러서 인내합시다.

혹시라도 바로 이 인내심이 용기일 경우, 우리가 용기를 용감하지 않게 탐구하여, 바로 이 용기가 우리를 비웃지 않도록 말입니다.

라케스 소크라테스 선생, 나는 말이오, 지레 포기하지 않을 준비가 되어 있소. 그렇지만 그와 같은 논변에 내가 익숙하진 않소. 하지만 우리가 나눈 이야기에 대해서는 어떤 승리욕이 나를 사로잡아서 이런 식으로 내가 생각하고 있는 것을 내가 말할 수가 없는가 하고 정말로 난 화가 나오. 난 내가 용기에 관해 그게 무엇인지를 알고 있다고 생각하고 있는데, 어찌된 영문인지 모르겠지만 그게 방금 내게서 빠져나가 그걸 말로 모아 내지도 못하고 그게 무언지 말하지도 못할 정도가 되었기 때문이오.

소크라테스 그렇다면, 친애하는 선생님, 훌륭한 사냥꾼은 내버려두지 말고 쫓아가야 합니다.

라케스 전적으로 동감이오.

소크라테스 그럼 여기 이 니키아스 님도 이 사냥에 불러들일까요? 우리보다 좀 더 잘 해내실 수 있다면요.

라케스 좋지요. 어찌 안 좋겠소?

소크라테스 자, 이리 오시지요, 니키아스 님, 논의에서 폭풍우를 맞아 난관에 처해 있는 친구들을 도와주십시오. 뭔가 할 수 있으시다면 말입니다. 우리 상황이 얼마나 난감한 처지인지 보고 계시잖아요. 선생님께서 생각하시는 용기가 무엇인지를 말씀해 주셔서, 우리를 이 난관에서 풀어 주시고 선생님 자신은 선생님께서 생각하시는 것들을 말로 확고하게 해 두시지요.

니키아스 자, 소크라테스 선생, 나는 아까부터 두 분께서 용기를 제대로 규정하지 못하고 있다고 생각하고 있었소. 내가 이미 선생이 훌륭하게 말하는 걸 들었던[141] 바로 이것을 두 분께서 사용하지 않고 있기 때문이오.

소크라테스 어떤 걸 말입니까, 니키아스 님?

d   니키아스 나는 종종 선생이, 우리는 각자 자신이 지혜로운 그런 것들에 있어서는 훌륭하지만 자신이 무지한 것들에 있어서는 나쁘다고 말하는 걸 들었소.

소크라테스 제우스께 맹세코, 선생님 말씀이 정말 맞습니다, 니키아스 님.

니키아스 그럼, 용감한 자가 훌륭하다고 한다면, 그가 지혜롭다는 것은 분명하오.

소크라테스 들으셨습니까, 라케스 님?

라케스 내 듣긴 했소만, 그가 말하는 바를 정확히는 이해하지 못하겠소.

소크라테스 하지만 저는 이해했다고 여겨집니다. 그리고 제겐 저분이 용기를 일종의 지혜라고 말씀하시는 것으로 여겨집니다.

라케스 어떤 지혜 말이오, 소크라테스 선생?

e   소크라테스 선생님은 그걸 여기 이분[142]에게 묻는 게 아니신지요?

62

라케스 그렇소.

소크라테스 자, 그럼 니키아스 님, 저분에게 말씀해 주시지요. 선생님 말씀에 따르면 어떤 지혜가 용기일는지요. 설마 아울로스 연주술은 아닐 테지요.

니키아스 결코 아니오.

소크라테스 키타라 연주술도 정말 아니고요.

니키아스 물론 아니오.

소크라테스 그럼 이게 무엇입니까, 혹시 무엇에 대한 앎입니까?

라케스 그에게 아주 제대로 질문하고 있소, 소크라테스 선생. 계속해서 그걸 무엇이라 주장하는지 말하게 하시지요.

니키아스 라케스, 나는 말이오, 그걸 이런 거라 말하는 것이오. '두려워할 것들과 대담하게 할 수 있는 것들에 대한 앎'[143]이라고. 195a 전쟁에서든 다른 모든 상황에서든 말이오.

라케스 이 사람이 참으로 이상한 말을 하는군요, 소크라테스 선생.

소크라테스 무얼 염두에 두고 그런 말씀을 하신 건지요, 라케스 님?

라케스 무얼 염두에 두고서냐고요? 지혜는 분명 용기와는 구별된다 생각하오.

소크라테스 니키아스 님은 어쨌든 그게 아니라고 주장하시네요.

라케스 그는, 제우스께 맹세코, 정말 아니라고 주장하오. 이것 참, 그는 헛소리까지 하는군요.

소크라테스 그럼 그분을 가르쳐 줍시다. 욕하지 말고요.

니키아스 아니오, 소크라테스 선생. 내가 보기에, 라케스는 나 또한 말도 안 되는 소리를 하는 사람처럼 보이기를 몹시 바라는 것 같소. 그 자신도 방금 전에[144] 그런 사람으로 보였기 때문이지요.

라케스 분명 그렇소, 니키아스. 그리고 난 어쨌든 그걸 밝혀 보겠소. 당신이 말도 안 되는 소리를 하고 있으니까. 예를 들어 봅시다. 의사들은 질병의 경우에서 두려워할 것들을 알고 있지 않소? 아니면 용감한 자들이 그걸 안다고 당신은 생각하시오? 아니면 당신은 의사들을 용감한 자들이라 부릅니까?

니키아스 결코 아니오.

라케스 당신이 농부들 역시 용감한 자들이라 부르지 않을 거라난 생각하오. 그렇지만 농부들은 분명 농사일에서 두려워할 것들을 알고 있지요. 그리고 다른 장인들도 모두 자신의 기술 영역에서 두려워할 것들과 대담하게 할 수 있는 것들을 알고 있소. 그러나 이들이 결코 더 용감하지는 않소이다.

소크라테스 라케스 님께서 무슨 말씀을 하고 계시다고 생각하십니까, 니키아스 님? 참으로 뭔가 의미 있는 말씀을 하고 계신 것 같은데요.

니키아스 뭔가 말을 하고 있긴 하지요. 하지만 맞는 말은 아니오.

소크라테스 대체 어째서 그렇지요?

니키아스 그는 의사들이 아픈 자들에 관하여 건강하고 병든 상태에 대해 말할 수 있는 것보다 뭔가 더 많은 것을 안다고 생각하기 때문이오. 그러나 분명 의사들은 그만큼만[145] 알 뿐이지요. 만일 어떤 이에게 아픈 것보다 오히려 건강한 것이 두려운 일일 경우, 라케스, 당신은 의사들이 이 사실을 알고 있다고 생각하시오? 혹시 병으로부터 회복되는 것보다 회복되지 않는 것이 더 좋은 경우들이 많이 있다고 생각하진 않소? 자, 이걸 말해 보시오. 당신은 그 어떤 경우에도 살아 있는 게 더 좋으며, 죽는 것이 더   d
나은 경우들은 많지 않다고 주장하시오?

라케스 그건 그렇다고 난 생각하오.

니키아스 그럼 당신은 죽는 것이 득이 되는 사람과 사는 것이 득이 되는 사람에게 같은 것들이 두려운 것들이라고 생각하시오?

라케스 그렇진 않다고 생각하오.

니키아스 그러나 당신은, 바로 이것에 대해 아는 것[146]을 의사들에게 혹은 다른 어떤 장인들에게 부여하고 있지요? 두려워할 것들과 두려워하지 않을 것들에 대한 앎[147]을 가지고 있는, 내가 용감하다고 이르는 그 사람을 빼고 말이오.

소크라테스 라케스 님, 이분이 말씀하시는 바를 분명하게 이해하시겠습니까?

라케스 난 이해하오. 그는 예언자들을 용감한 자들이라 부르는   e
것이오.[148] 죽는 것보다 사는 것이 어느 누구한테 더 좋은지를 도대체 다른 누가 알겠소? 더 나아가, 니키아스, 당신은 당신이 예

언자라는 데 동의하시오, 아니면 당신이 예언자도 아니고 용감
하지도 않다는 데 동의하시오?

니키아스 뭐요? 이번엔 두려워할 것과 대담하게 할 수 있는 것을
아는 것이 예언자에게 어울린다고 생각하는 거요?

라케스 나는 그렇게 생각하오. 아니면 다른 누구에게 어울리겠
소?

니키아스 내가 말하고 있는 자에게 훨씬 더 잘 어울리지요, 훌륭
한 양반. 왜냐면 예언자는 어떤 이에게 죽음이 있을지 병이 생길
지 재산의 손실이 일어날지, 또는 전쟁이나 어떤 다른 시합에서
승리가 있을지 패배가 있을지, 앞으로 일어날 일들에 대한 징표
들만 알면 되기 때문이오. 하지만 이것들 중 어떤 걸 어떤 이가
겪는 게 더 좋은지 아니면 겪지 않는 게 더 좋은지 판정하는 게
어째서 다른 누구보다 예언자에게 더 잘 어울리겠소?

라케스 하지만 소크라테스 선생, 나는 이 사람이 말하고자 하는
바를 이해하지 못하겠소. 그는 예언자도 의사도 그 밖의 어떤 사
람도 그가 말하는 용감한 사람이 아님을 분명히 하고 있기 때문
이오. 그가 용감한 자를 어떤 신이라고 말하는 경우가 아니라면
말이오. 그래서 내겐 니키아스가 자기가 말도 안 되는 소리를 하
고 있다는 것을 귀하신 몸답게 인정하려 들지 않는 것으로 보이
오. 그는 오히려 자신의 난감한 처지를 감추느라 말을 이리저리
돌리고 있소. 그렇지만 우리 역시, 우리가 자기모순적인 말을 하

는 것으로 보이지 않기를 원했다면, 나와 선생도 방금 전에[149] 말을 그와 같이 돌릴 수 있었을 것이오. 자, 만일 지금 우리 논의가 법정에서 벌어지는 거라면 그렇게 할 만한 어떤 까닭이 있었을 것이오만, 지금 대체 무엇 때문에 누가 이와 같은 모임에서 헛되이 공허한 말들로 스스로 자기 자신을 장식하겠소?

소크라테스 그럴 이유가 전혀 없다고 저는 생각합니다, 라케스   c
님. 하지만 니키아스 님께서 자신은 뭔가 의미 있는 말을 하고 있다고 생각하시는 건 아닌지 그리고 이분이 그저 논의를 위해 이런 걸 얘기하지 않는 건 아닌지 봅시다. 그러니까 이분이 도대체 뭘 생각하시고 있는지 이분에게 더 분명히 알아봅시다. 그렇게 해서 이분이 뭔가 의미 있는 말씀을 하고 있다고 보인다면 우린 이분에게 동의를 하겠지만, 만일 그렇지 않다면 이분을 가르쳐 드릴 겁니다.

라케스 그럼, 소크라테스 선생, 알아보고 싶다면 선생이나 알아보시오. 난 충분히 알아본 것 같소.

소크라테스 못할 것도 없습니다. 이 알아봄은 저와 선생님을 위한 공동의 알아봄이 될 테니까요.

라케스 물론이오.

소크라테스 그럼 제게 말씀해 주시지요, 니키아스 님. — 아니 우리에게라고 해야겠군요. 저와 라케스 님은 논변을 공유하고 있   d
으니까요. — 선생님께서는 용기가 두려워할 것들과 대담하게 할 수 있는 것들에 대한 앎[150]이라고 주장하시지요?

니키아스 나는 그렇게 주장하오.

소크라테스 그러나 이걸 꼭 모든 사람이 다 아는 건 아니라고 주장하십니다. 바로 이 앎[151]을 덧붙여 갖고 있지 않는 한, 의사도 예언자도 그걸 알지 못할 것이고 용감하게 되지도 않을 테니까요. 선생님께서는 이렇게 말씀하시지 않았습니까?

니키아스 물론 그렇게 말했소.

소크라테스 그렇다면 실은 속담처럼 '어떤 돼지나 다 알지'[152]도 못할 테고 용감하게 되지도 않겠지요.

니키아스 그렇다고 생각하오.

e 소크라테스 니키아스 님, 선생님께서는 크롬뮈온의 돼지[153]마저 용감하지 않았다고 믿으시는 게 정말 분명하군요. 이걸 농담이나 하자고 말하는 게 아닙니다. 저는, 이런 말을 하는 사람은, 어떤 야수의 용기도 인정하지 않거나, 아니면 어떤 야수는 매우 지혜롭다는 데에 동의할 수밖에 없다고 생각합니다. 알기가 어려워 아주 소수의 사람들이나 아는 그러한 것들을 사자나 표범, 어떤 멧돼지가 알고 있다고 말할 정도로 말이지요. 또한 용기를 선생님과 똑같이 보는 사람은, 사자와 사슴도 황소와 원숭이도 용기에 있어서는 원래부터 비슷한 상태라고 주장할 수밖에 없습니다.

197a 라케스 소크라테스 선생, 신들께 맹세코, 말씀 참 잘하셨소. 니키아스, 우리에게 이걸 진실하게 대답해 주시오. 당신은 우리 모

두가 용감하다고 동의하는 이 야수들이 우리보다 더 지혜롭다고 주장하는 것이오? 아니면 감히 모두에게 반대하면서 그것들을 용감하지 않다고 부르는 것이오?

니키아스 왜 아니겠소, 라케스, 나는 말이오, 야수들을 용감하다고 부르지 않으며, 생각이 없어 두려워할 것들을 무서워하지 않는 그 어떤 것도 용감하다고 부르지 않소. 오히려 겁이 없고 아둔하다고 부르오. 아니면 당신은 내가, 생각이 없어서 아무것도 두려워하지 않는 아이들을 모두 용감하다고 부른다 생각하시오? 아니, 오히려 나는 겁 없는 것과 용감한 것은 같은 것이 아니라고 생각하오. 그리고 나는 '용기'와 '미리 생각함'은 극히 소수의 사람들만이 나누어 갖고 있으며, '무모함', '만용', '미리 생각하지 않는 겁 없음'은 아주 많은 남자들, 여자들, 아이들, 야수들이 나누어 갖고 있다고 생각하오. 그래서 당신과 많은 이들이 용감하다고 부르는 이러한 것들을 나는 무모하다고 부르며, 내가 언급하고 있는 현명한 것들을 나는 용감하다고 부른다오.

라케스 보시오, 소크라테스 선생, 여기 이 사람이 자기 자신을 자기 생각대로 얼마나 멋지게 말로 장식하고 있는지 말이오. 모든 이들이 용감한 사람들이라 동의하는 사람들에게서 그 영예를 빼앗으려 하고 있소.

니키아스 당신에게서 뺏으려는 게 아니니까, 라케스, 대담하게 구시게. 난 당신이 지혜롭다 주장하고 있으며, 라마코스[154] 역시 그러하다고 주장하고 있으니까. 당신들이 용감한 한에서 말이오. 그리고 수많은 다른 아테네 사람들도 지혜롭다고 주장하고 있소이다.

라케스 내 할 말이 있지만, 이것들에 관해 아무 말도 않겠소. 당신이 나를 정말 아익소네 구민[155]이라고 말하지 않도록 말이오.

d 소크라테스 아무 말씀도 마십시오, 라케스 님, 제게도 선생님께서, 이분이 이 지혜를 우리의 동료인 다몬[156]에게서 넘겨받았다는 사실과 이 다몬이 프로디코스[157]와 아주 가까이 지내고 있다는 사실, 그리고 바로 이 프로디코스는 소피스트들 중 가장 훌륭하게 이런 이름들을 구분한다고 평판이 나 있다는 점을 알아보시지 못한 것으로 보이니까요.

라케스 소크라테스 선생, 사실 이런 것들을 세련되게 다루는 것은 소피스트에게 더 어울리는 일이오. 나라가 그 나라를 이끌 자격이 있다고 여기는 사람에게보단 말이오.

e 소크라테스 축복받으신 선생님, 가장 중요한 일들을 지휘할 사람에겐 가장 큰 현명함을 나누어 갖는 게 어울릴 겁니다. 그런데 제겐 니키아스 님이 검토받을 만하다는 생각이 듭니다. 이분이 도대체 뭘 염두에 두고서 용기라는 이름을 쓰고 있는지 말입니다.

라케스 그럼, 소크라테스 선생, 선생이 직접 살펴보시오.[158]

소크라테스 훌륭하신 선생님, 제가 그러려고 합니다. 그렇지만 논의를 공유하는 것[159]으로부터 제가 선생님을 놓아드릴 거란 생각

은 마시고, 주의를 기울이셔서 이야기되는 것들을 함께 살펴보
십시오.

라케스 그렇게 해야만 한다고 여겨지면, 그렇게 될 겁니다.

소크라테스 물론 그렇게 해야만 한다고 여겨집니다. 그리고 니키
아스 님, 선생님께서는 우리에게 처음부터 다시 말씀해 주십시   198a
오. 우리가 논의를 시작하면서 용기에 대해 살펴볼 때 우리가 이
것을 덕의 부분으로 여기고서[160] 살펴보고 있었음을 선생님께서
는 아시지요?

니키아스 물론이오.

소크라테스 그렇다면 선생님도 이것을 덕의 부분이라 여기고서
대답하신 것이 아닙니까? 그럼 덕의 다른 부분들도 있고 뿐만 아
니라 그것들 전체가 덕이라 불린다고[161] 여기고 그렇게 대답하신
것이고요?

니키아스 어찌 아니겠소?

소크라테스 그렇다면 제가 말하는 것처럼 선생님께서도 말씀하시
는 겁니까? 저는 용기에 더하여 절제, 정의 그리고 그런 유의 다
른 어떤 것들도 덕의 부분이라고 부릅니다. 선생님께서도 그러
지 않으십니까?

니키아스 물론이오.   b

소크라테스 잠깐만요. 이것들에 대해 우리가 동의하긴 합니다만,
두려워할 것들과 대담하게 할 수 있는 것들에 관해서는 좀 더 살

펴봅시다. 선생님하고 우리하고 서로 다른 것을 생각하지 않도록요. 자, 그럼 우리가 생각하는 바를 선생님께 말씀드리겠습니다. 선생님께서 동의하지 않으신다면 저희에게 가르쳐 주십시오. 우리는, 두려움을 주는 것들이 두려워할 것들이고, 두려움을 주지 않는 것들은 대담하게 할 수 있는 것들이라 생각합니다. — 그런데 과거에 일어났던 나쁜 것들이나 지금 일어나는 나쁜 것들은 두려움을 주지 않고, 예상되는 나쁜 것들이 두려움을 줍니다. 왜냐하면 두려움은 장차 있게 될 나쁜 것에 대한 예상[162]이니까요. — 선생님께서도 같은 생각 아니신가요, 라케스 님?

c   라케스 물론이고말고요, 소크라테스 선생.

소크라테스 니키아스 님, 그럼 선생님께서는 바로 우리의 주장을 듣고 계신 겁니다. 그러니까 우린 장차 있게 될 나쁜 것들은 두려워할 것들인 반면 장차 있게 될 나쁘지 않거나 좋은 것들은 대담하게 할 수 있는 것들이라 주장하고 있습니다. 선생님께서는 이것들[163]에 관해 이런 식으로 말씀하십니까? 아니면 다른 식으로 말씀하십니까?

니키아스 그런 식으로 말하오.

소크라테스 그런데 바로 이것들에 대한 앎을 선생님께서는 용기라 부르시지요?

니키아스 바로 그렇소.

소크라테스 이제 세 번째 것[164]을 살펴봅시다. 이것에 대해 선생님

72

과 우리가 같은 생각을 하고 있는지 말입니다.

니키아스 어떤 것을 말이오?

소크라테스 제가 말씀드리죠. 저와 여기 이분[165]이 생각하기로는,   d
여러 가지 것들을 대상으로 하는 앎이 있는데, 일어난 일에 대해
그것이 어떻게 일어났는지를 아는 것, 일어나고 있는 일들에 대
해 그것들이 어떻게 일어나고 있는지를 아는 것, 그리고 아직 일
어나지 않은 일이 어떻게 가장 훌륭하게 일어날 수 있고 또 일어
날 것인지를 아는 것, 이 앎들이 각각 다른 앎이 아니라, 동일한
앎이라는 겁니다. 가령 건강에 관해서는, 모든 시간에 걸쳐 의술
외엔 다른 어떤 앎이 없는데, 이 의술은 하나의 앎이지만, 일어
나는 일들과 일어난 일들 그리고 일어날 일들이 앞으로 어떻게
진행될지를 지켜봅니다. 또 땅에서 나는 것들과 관련된 농법도   e
마찬가지입니다. 그리고 전쟁에 관한 일들의 경우에는 분명 두
분께서 직접 증언해 주시겠지요. 장군의 지휘술[166]은 다른 일들
뿐만 아니라 장차 일어날 일에 대해 가장 훌륭하게 미리 생각하
며, 예언술을 섬겨야 한다고 생각하는 것이 아니라 예언술을 지
배해야 한다[167]고 생각하고 있고, 그리고 이는 전쟁과 관련하여   199a
일어나고 있는 일들과 일어날 일들을 더 훌륭하게 알고 있기 때
문에 그러하다는 사실을 말이지요. 그래서 법은 예언자가 장군
을 지배하지 말고 장군이 예언자를 지배하도록 규정하고 있습니
다. 라케스 님, 우리는 이렇게 주장할까요?

라케스 우린 그렇게 주장할 것이오.

소크라테스 그럼 어떻습니까? 니키아스 님, 선생님께서는 동일한 앎이 미래의 일이든 현재의 일이든 과거의 일이든 간에 동일한 일들에 대해서 전문지식이 있다는 데에 우리와 의견을 함께 하시는지요?

니키아스 그렇소. 나도 그렇게 생각하오. 소크라테스 선생.

b 소크라테스 그럼 훌륭하신 선생님, 그리고 용기는 두려워할 것들과 대담하게 할 수 있는 것들에 대한 앎이고요. 선생님께서 주장하시듯이[168] 말입니다. 그렇지 않습니까?

니키아스 그렇소.

소크라테스 그런데 두려워할 것들과 대담하게 할 수 있는 것들은 장차 있게 될 좋은 것들과 장차 있게 될 나쁜 것들이라는 데에 우린 동의하였습니다.[169]

니키아스 물론이오.

소크라테스 그런데 장차 있게 될 일이든 그 어떤 시점에 일어나는 일이든 간에 동일한 일들에 대해서는 동일한 앎이 있다는 점에도 우린 동의하였습니다.

니키아스 그렇소.

소크라테스 그렇다면 용기란 단지 두려워할 것들과 대담하게 할 수 있는 것들에 대한 앎이 아닙니다. 용기는 그저 장차 있게 될 좋은 것들과 나쁜 것들에 대해서만 전문지식이 있는 게 아니라,

일어나는 일들에 대해서도 일어난 일들에 대해서도 그리고 그   c
어떤 시점에 있는 일들에 대해서도 전문지식이 있기[170] 때문입니
다. 다른 앎들이 그러하듯이 말입니다.

니키아스 그런 것 같소.

소크라테스 그러므로 니키아스 님, 선생님께서는 용기의 일부를,
그러니까 대략 삼분의 일 정도를 우리에게 대답해 주셨던 겁니
다. 그렇지만 우리는 전체로서 용기가 무엇인지를 묻고 있었지
요. 그리고 지금은 말이죠, 선생님 말씀에 따르자면 용기란 그저
두려워할 것들과 대담하게 할 수 있는 것들에 대한 앎이 아니라,
지금 다시 선생님의 새로운 주장대로 용기는 거칠게 말해 모든   d
시점에 있는 모든 좋은 것들과 나쁜 것들에 관한 앎일 것 같습니
다. 이렇게 다시 마음을 바꾼다 하시겠습니까, 아니면 어떻게 말
씀하시겠습니까, 니키아스 님?

니키아스 난 그렇게 생각하오, 소크라테스 선생.

소크라테스 그렇다면, 신령하신 선생님, 선생님께는 그러한 사람[171]
이 뭔가 덕이 부족할 것으로 여겨지십니까? 만일 그가 모든 좋은
것들에 대해 그것들이 어떻게 일어나고 일어날 것이며 일어났는
지를 완전히 알며, 또한 나쁜 것들에 대해서도 마찬가지로 안다
하더라도 말입니까? 선생님께서는 이 사람이 절제를, 혹은 정의
와 경건을 결여하고 있을 거라고 생각하십니까? 이 사람에게만
신들과 관련해서든 인간들과 관련해서든 두려워할 것들과 그렇

e   지 않은 것들에 조심스럽게 대처하는 능력이 있으며 이러한 것
    들을 제대로 다룰 줄 알아서 좋은 것들을 마련하는 능력이 있는
    데도 말입니까?

니키아스 소크라테스 선생, 선생이 뭔가 의미 있는 말을 하는 것
으로 생각되는군요.

소크라테스 그렇다면, 니키아스 님, 선생님께서 지금 말씀하시는
것은 덕의 부분이 아니라 덕 전체입니다.

니키아스 그런 것 같소.

소크라테스 그런데 보세요, 우린 어쨌든 용기를 덕의 부분들 가운
데 하나라고 주장하고 있었습니다.[172]

니키아스 그렇게 주장했지요.

소크라테스 하지만 지금 언급된 것은 덕의 부분으로 보이지 않는
군요.

니키아스 그런 것 같소.

소크라테스 그렇다면 우린 용기가 무엇인지 찾아내지 못한 셈입
니다, 니키아스 님.

니키아스 그렇게 보이오.

라케스 친애하는 니키아스, 정말이지 나는 말이오, 당신이 그걸
200a 찾아낼 거라 생각했소. 내가 소크라테스 선생에게 대답했을 때
당신이 나를 우습게봤으니까. 나는 정말 아주 큰 기대를 가지고
있었소이다. 당신이 다몬으로부터 받은 그 지혜로 그것을 찾아

낼 거라고 말이오.

니키아스 좋소, 라케스. 당신은 방금[173] 당신 자신이 용기에 대해
아무것도 모르는 자로 보인 것은 여전히 아무 일도 아니라 생각
하면서, 내가 또 한 명의 그런 사람으로 드러나게 될지, 이 점은
주목하고 있군요. 그리고 자신이 뭐라도 된다고 생각하는 사람
이 가질 만한 앎의 대상들에 대해 나와 함께 아무것도 모르고 있
다는 사실이 당신에겐 더 이상 아무 상관도 없게 될 것 같소. 그   b
러니까 내겐 당신이 당신 자신은 주목하지 않고 다른 사람들을
주목한다는 점에서 참으로 세인들이나 할 만한 일을 행하는 것
으로 보이오. 하지만 나는 내가, 우리가 논의하고 있던 것들에
관해 지금까지 상당히 잘 말해 왔다고 생각하며, 만일 이 가운
데 뭔가 충분히 말하지 않은 게 있다면 다음에 다몬과 함께 그리
고 다른 사람들과 함께 다시 바로잡을 생각이오. — 당신은 아마
도 이분을 비웃으려고 생각하고 있겠지요. 다몬을 아직 본 적도
없으면서 말이오. — 그리고 내가 그것들에 대해 확고한 입장을
갖게 될 때에는, 나는 당신에게도 가르쳐 줄 것이고 인색하게 굴
지도 않을 것이오. 내겐 당신이 매우 많이도 배울 필요가 있다고   c
생각되니까 말이오.

라케스 당신은 정말 지혜롭기도 하군요,[174] 니키아스. 하지만 그
럼에도 불구하고 나는 여기 이 뤼시마코스 님과 멜레시아스 님
께 젊은이들의 교육에 관해서는 당신과 나에게 작별을 고하시

고, 내가 처음에 말했던 것처럼[175] 여기 이 소크라테스 선생을 놔주지 마시라고 조언을 드리겠소. 내게도 그 나이 또래의 아이들이 있다면, 나는 바로 그렇게 할 것이오.

니키아스 나 역시 그 점에 동의하오. 만일 소크라테스 선생이 청
d 년들을 돌보고자 한다면, 다른 어떤 이도 찾지 않을 것이오. 이분이 좋다면은, 나 역시 니케라토스[176]를 이분에게 즐거이 맡길 것이니까요. 그러나 내가 이분에게 그것에 관해 뭔가를 언급할 때면, 이분은 그때마다 나에게 다른 사람들을 추천하고,[177] 그 자신은 원치 않더군요. 하지만 보시지요, 뤼시마코스 님, 소크라테스 선생이 선생님 말씀에는 좀 더 귀를 기울일는지를요.

뤼시마코스 응당 그래야지요, 니키아스 선생, 나는 이 사람에게 다른 많은 이들에게는 하려 하지 않는 일들을 많이 하려 하니까요. 그러면 소크라테스 선생, 선생은 어떻게 말하시겠소? 선생은 내 말을 귀담아듣고 청년들이 가능한 한 훌륭하게 되는 데 함께 열의를 쏟아 보시겠소?

e 소크라테스 뤼시마코스 님, 누군가가 가능한 한 훌륭하게 되도록 함께 열의를 쏟으려 하지 않는다는 건 사실 끔찍한 일일 겁니다. 그러니 만일 방금 전의 대화에서 제가 아는 자로 보이고 이 두 분은 모르는 자로 보였다면, 특별히 저를 이 일에 불러들이는 것이 마땅할 겁니다. 그러나 지금 우리는 모두 똑같이 난관에 봉착했습니다. 그렇다면 어찌 누가 우리 중 누구를 가려 뽑을 수 있

겠습니까? 그래서 저 자신에겐 누구도 선택될 수 없다 여겨집니 201a
다. 자, 상황이 이러하니, 제가 선생님들께 조언을 드리는 것이
뭔가 좋게 여겨질 수 있겠는지를 살펴봐 주십시오. 여러분, —
어떤 얘기도 밖으로 새어 나가지 않을 테니[178] — 저는 우리 모두
가 무엇보다 우리 자신을 위해[179] 최고로 훌륭한 선생님을 함께
찾아야만 한다고 주장합니다. — 우리에게 필요하니까요. — 다
음으로 청년들을 위해서도 돈이든 다른 어떤 것이든 아끼지 말
고 그렇게 해야 한다고 주장합니다. 그리고 우리 자신이 지금의
우리 상태 그대로 있는 것을 허락하지 마시라고 조언드립니다.
그런데 만일 우리 같은 나이에도 우리가 선생들에게 드나드는
것을 가치 있게 생각한다고 해서 누군가 우리를 비웃는다면, 호 b
메로스의 다음과 같은 말을 인용해야 한다고 저는 생각합니다.
호메로스는 "염치는 곤궁한 사람에게 좋은 동반자가 아니다"[180]
라고 말했지요. 그러니 누가 무슨 말을 해도 개의치 말고 함께
우리 자신과 청년들을 돌보도록 합시다.

뤼시마코스 소크라테스 선생, 선생의 말씀은 내게 만족스럽습니
다. 그리고 내가 가장 나이를 많이 먹었으니 그만큼 가장 열정적
으로 젊은이들과 함께 배우려고 합니다. 하지만 내게 이렇게 해
주시지요. 내일 동틀 무렵에 내 집으로 와 주시오. 마다하지 마 c
시고요. 우리가 바로 이 일들에 관해 숙고할 수 있도록 말이오.
그러나 이젠 우리 이 모임을 끝냅시다.

소크라테스 그렇게 하겠습니다, 뤼시마코스 님. 그럼 내일 댁으로 찾아가겠습니다, 신께서 기꺼워하신다면.

주석

1   그 사람이 중무장을 하고 싸우는 모습 : 여기서 '중무장을 하고 싸우
     는 모습'이란 실제 전투 상황에서의 전투 모습이 아닌 '중무장 전투
     술 시범'을 의미한다. 이후 이 대화편 183c8, e3에서, 우리는 중무
     장 전투술 시범을 보인 이 사람의 이름이 '스테실레오스'(Stēsileōs)라
     는 것을 확인하게 된다. 스테실레오스는 일종의 중무장 전투술 교
     사였던 것으로 보인다. 여기서 언급되고 있는 '중무장을 하고 싸우
     는 것', 즉 '중무장 전투술'(hoplomachia, hoplitikē)은 투구와 흉갑, 방
     패, 칼, 창 등으로 중무장을 갖춘 중무장 보병(hoplitēs)의 전투 기술
     을 말한다. 이 중무장 전투술은 플라톤의 다른 대화편 『에우튀데모스
     (Euthydemos)』 271d에서도 언급되는데, 여기서는 소피스트인 에우튀
     데모스와 디오뉘소도로스가 중무장 전투술에 능하며 돈을 받고 남을
     가르치기도 했다고 기술되고 있다. 『고르기아스(Gorgias)』 456d-e와
     『국가(Politeia)』 374d, 『에우튀데모스』 273c, e, 『법률(Nomoi)』 813e 등
     에서도 중무장 전투술이 언급된다.

2   그 까닭 : 선생들에게만은 솔직하게 털어놔야 한다(parrēsiazesthai)고
     생각하는 까닭을 말한다. 이 까닭을 설명하는 부분이 178a5-b5의 내

용이다.

3   **이렇게 하는 걸** : 그리스어 'tōn toioutōn'을 남성 복수 형태로 볼 수도 있겠으나, 여기서는 중성 복수 형태로 보아 '이렇게 하는 걸'로 번역하였다. 여기에서 '이렇게 하는 것'이란 '이렇게 솔직하게 말하는 행위', 즉 '우리(뤼시마코스와 멜레시아스)가 우리 자신을 솔직하게 드러내어 우리 자신을 웃음거리로 만들 수도 있는 그 행위'를 가리킨다.

4   **선생들에게만은 솔직하게 털어놔야 한다고 … 자신이 생각하는 것과는 다르게 말하곤 합니다** : '솔직하게 말하는 것'(178a4-5)과 '자신이 생각하는 바와 다르게 말하는 것'(178b1-3)이 대비되고 있다. 조언을 구하는 자에게 솔직하게 말할 의도가 없는 조언자는 진지한 대답 대신 그저 조언을 구하는 자가 듣고 싶어 하는 바를 좇아 이야기할 뿐이다. 그러나 지금 뤼시마코스는 자신과 멜레시아스에게 필요한 사람이 진지한 직언을 해 주는 조언자이지 자신들의 귀에 달콤한 이야기나 해 주는 조언자가 아님을 밝히고 있다. 이후 뤼시마코스의 고백에서도 나타나지만, 뤼시마코스가 자신의 부끄러운 점을 들추어 보여 주면서까지 자신의 상황을 솔직하게 말하며 애써 이러한 조언자를 찾고 있는 까닭은 바로 자신들의 가장 중요한 재산인 자식들의 교육에 관한 문제이기 때문이다.

5   **우리에게는** : 뤼시마코스 자신과 멜레시아스를 가리킨다.

6   **여기 이 아들들** : 뤼시마코스의 아들과 멜레시아스의 아들, 즉 아리스테이데스와 투퀴디데스를 가리킨다. 이들은 이 대화가 이루어지는 내내 함께 있긴 하지만, 딱 한 번을 제외하곤 대화에 직접 참여하지 않는다. 181a3에서 뤼시마코스의 아들이 뤼시마코스의 질문에 짧게 대답하는 장면이 한 번 나온다.

7   **여기 이 사람** : 멜레시아스를 가리킨다.

8   **투퀴디데스(Thoukydidēs)** : 『펠로폰네소스 전쟁사(Thoukydidou Historiai)』를 쓴 그리스의 유명한 역사가 투퀴디데스(기원전 460년경 ~400년경)와는 다른 인물이다. 하지만 여기에서 언급되는 멜레시아

스의 아버지 투퀴디데스(기원전 5세기경~?) 역시 당대에 이름을 날린 아테네의 유명한 정치가로, 기원전 440년대에 페리클레스의 반대 정파인 귀족 정파의 지도자였던 것으로 알려져 있다. 플루타르코스는 『비교 열전(Bioi Paralleloi)』 페리클레스편, 11장에서 정치가 투퀴디데스를, 알로페케 구 출신으로 키몬의 인척이며, 키몬만큼 위대한 전사는 아니지만 키몬보다 뛰어난 정치가였던 것으로 기록한다. 또 14장에서도 투퀴디데스는 페리클레스의 강력한 정적으로 등장한다. 하지만 정쟁에서 밀려 페리클레스에 의해 도편추방되어 결국 그의 정파가 와해된 것으로 기술되고 있다. 한편 정치가 투퀴디데스와 역사가 투퀴디데스가 같은 가문의 사람이었을 것이라는 추정이 있다. 역사가 투퀴디데스의 어머니가 여기에 등장하는 멜레시아스의 아들인 투퀴디데스의 딸이었다고 한다(OCD, 1516쪽, 'Thucydides(1)' 항목 참조).

9   할아버님의 이름을 물려받아 투퀴디데스라 불리지요 : 직역하면 '할아버님의 이름인 투퀴디데스라는 이름을 갖고 있다오.'가 된다.

10   아리스테이데스(Aristeidēs) : 기원전 약 530년~약 468년에 살았던 아테네 정치가로, '정의로운 자'라는 별칭을 갖고 있다. 기원전 490년 자신의 부족인 안티오키스 부족을 지휘하는 장군으로 마라톤(Marathon) 전투에 참가하였고, 이때 그가 보여 준 역량 덕분에 집정관으로 선출되었다. 테미스토클레스(Themistoklēs)의 해상 정책에 반대하였고, 이후 이 두 정치가의 갈등은 아리스테이데스의 도편추방으로 이어졌다. 480년 아테네로 소환, 다시 장군으로 선출되어 살라미스(Salamis) 전투와 플라타이아(Plataia) 전투에 참가하였다. 페르시아 전쟁 이후에는 델로스 동맹을 제창하여 이 동맹을 결성시키는 데 주요한 역할을 담당하였다. 『고르기아스』 526b에서 플라톤은 그의 훌륭한 자질을 언급하며 칭송하고 있다.

11   이 아이는 … 할아버님의 이름을 물려받아 투퀴디데스라 불리지요. / 이 녀석도 할아버님의 이름을 … 아리스테이데스라고 부르거든요 : 아테네에서는 통상 관습적으로 손자가 할아버지의 이름을 물려받는다. 여기서

도 관습대로 두 아이들이 모두 각자 자신의 할아버지의 이름을 갖고 있다. 또한 멜레시아스와 뤼시마코스도 각자 자신의 할아버지 이름을 계승하였다.

12 **돌보기로** : '돌봄'(epimeleia)은 교육과 관련하여 핵심적인 소크라테스식 용어로, 이 대화편 전체적으로도 주제와 연관하여 매우 중요한 용어이다. 지금 진행되고 있는 뤼시마코스의 발언에서는 이 '돌봄'과 관련된 그리스어 표현('-mel-')이 집착적으로 사용되고 있다.(돌보기로(a5), 돌보기(a8), 관심을 기울였을(b1), 소홀히 해서는(b4), 돌봄(b5), 소홀히 하고(d3), 돌본다면(d4), 돌보는 것(e6))

13 **청년** : '청년'으로 번역한 그리스어 'meirakion'은 보통 15~21세 사이의 젊은이를 가리킨다. 다른 곳에서 '젊은이'라고 번역한 그리스어는 'neaniskos'이다. 보통 'meirakion'은 'neaniskos'보단 좀 더 어린 젊은이를 가리키는 듯하지만, 경우에 따라서는 구별 없이 사용되기도 한다. 이 대화편에서도 'meirakion'과 'neaniskos'는 의미의 구별 없이 사용되고 있다.

14 **이런 문제** : 자식들이 어떻게 양육을 받아야 가장 훌륭하게 될 수 있을지에 관한 문제.

15 **하지만 혹시라도 선생들께서 이런 문제에 마음을 쏟지 못했다면, 우리는 … 상기시켜 드릴 것이고, 선생들을 모셔다가 … 하겠소이다** : b2-6은 문법적으로 파격 구문(anakolouthon)이다. 조건절 'ei d'ara pollakis mē proseschēkate'(혹시라도 선생들께서 … 쏟지 못했다면)에 대응하는 귀결절의 동사가 빠져 있다. 귀결절의 주동사를 보충하여 읽는 번역들도 있으나, 여기서는 분사인 'hypomnēsontes'(상기시켜 드릴 것이고)와 'parakalountes'(모셔다가 … 하겠소이다)를 귀결절의 주동사 역할을 하는 것으로 번역했다.

16 **멜레시아스** : 앞의 〈등장인물〉소개에서 전술한 바와 같이 멜레시아스에 대해서는 『메논』과 『라케스』에서 그가 뤼시마코스와 함께 각각 대단히 훌륭한 부친을 두었던 인물로 언급되는 것 외에 별로 알려진 바

가 없다. 다만 멜레시아스에 대해서는 투퀴디데스의 『펠로폰네소스 전쟁사』 8.86에서 400인 과두정이 파견한 사절단 중 한 사람으로 그 이름이 언급되고 있다.

17 내가 이 이야기를 시작하면서 말했던 대로, 우리는 선생들에게 솔직하게 말할 것이외다 : 178a4-5를 언급하고 있다. 뤼시마코스는 지금 니키아스와 라케스에게 조언을 요청하면서, 자신이 조언을 요청하는 까닭, 그리고 자신과 멜레시아스의 상황 등을 이들에게 솔직하게 말하려 한다고 다시 한번 언급한다. 이 장면에서 우리는 말하기가 썩 편치 않은 뤼시마코스의 고민스러운 심리적 상황을 엿볼 수 있다. 이후에 바로 설명되고 있듯이, 뤼시마코스는 유명한 선친에 비해 특별하게 쌓은 명성이 없다. 이러한 자신의 상황을 자신의 입으로 직접 말하는 것이 썩 유쾌한 일은 아니나, 자식들의 교육을 위해 이러한 상황을 솔직히 털어놓겠다는 결의가 강조되고 있다.

18 여기 이 나라 : 아테네를 말한다.

19 그분들이 동맹국들의 일뿐만 아니라 여기 이 나라의 일들을 관장하면서, 전시에나 평화 시에나 이루었던 그 모든 공적들을 말이오 : 페리클레스에 대해 정치적으로 반대했던 투퀴디데스의 행동들이 '이 나라의 일'에 해당될 수 있을 것이다. 아리스테이데스는 델로스 동맹을 주창했던 사람이므로 '동맹국들의 일'을 관장했다고 할 수 있으며, 또한 플라타이아 전투 등에서 아테네군을 지휘했으니 '전시의 일'을 행했다고 할 수 있을 것이다.

20 다른 사람들의 일 : 공적인 일을 가리킨다.

21 그분들께서, 우리에 대해서는, 청년이 되었을 때 우리가 안이하게 살도록 내버려 두었던 반면, 다른 사람들의 일에는 다망하셨다고 말이오 : 『메논(Menon)』 94a-c에서, 소크라테스는 아리스테이데스가 아들 뤼시마코스에게 선생의 도움을 통해 배울 수 있는 모든 것들을 가르쳤으며, 투퀴디데스 역시 아들 멜레시아스에게 훌륭한 교육을 했다고 말한다. 『메논』의 이런 기술에 따르자면, 뤼시마코스와 멜레시아스는

아버지들로부터 아무런 교육을 받지 못한 것이 아니고, 오히려 나름의 훌륭한 교육을 제공받았다고 해야 할 것이다. 다만 여기서 뤼시마코스의 입을 통해 플라톤이 지적하고 싶은 것은 그들의 아버지가 그들을 적절히 교육시키는 데 실패했다는 것일 터인데, 이 교육의 실패는 다음의 두 가지 면에서 생각해 볼 수 있다. 1)우선 그것은 공적인 일, 즉 전쟁이나 정치와 관련된 일에 이들을 참여시키지 않았거나, 혹은 그와 관련한 교육을 시키지 않은 것에 대한 지적일 수 있다. Tatham(1966), 44~45쪽과 Newhall(1900), 100쪽 참조. 2)한편, 그런 군사적, 정치적 기술에 대한 적절한 교육을 하는 데 있어, 그들의 아버지가 몸소 가르치지 않고, 그 교육을 다른 사람에게 맡겨 놓았다는 사실에 대한 것일 수도 있다. 만약 그러하다면 여기에는 어떤 아이러니가 있다고 할 수 있는데, 왜냐면 지금 뤼시마코스가 라케스와 니키아스에게 하고 있는 제안이 바로 전문가에게 교육을 위탁하는 것이기 때문이다. Emlyn-Jones(1996), 56쪽 참조.

22 별 볼 일 없는 : '별 볼 일 없는'으로 번역한 그리스어 'akleeis'는 문자 그대로는 'kleos(명성)가 없는' 상태를 말한다. 여기서는 아주 부정적인 상태로 언급되고 있다.

23 그 이름에 걸맞은 사람이 : 179a2-4를 참조. 또한 주 8과 주 10도 참조할 것.

24 이 배울 거리 : 178a에서 언급된, 방금 이들이 구경한 것, 곧 '중무장 전투술'을 가리킨다. '배울 거리'로 옮긴 그리스어 'mathēma'는 배움의 내용이 되는 것을 가리킨다. 우리말로는 '배울 거리', '교과', '학과목', '과목' 등으로 옮길 수 있겠다.

25 중무장을 하고 싸우는 법 : '중무장 전투술'(hoplomachia)을 말한다. 주 1 참조.

26 저 시범을 보인 사람 : 스테실레오스(Stēsileōs)를 가리킨다. 178a1, 183c8, 183e3 참조.

27 이 배울 거리 : 179e1의 '중무장하고 싸우는 법', 즉 '중무장 전투술'을

가리킨다.

28　공동의 일 : 그리스어 'koinōnia'를 '공동의 일'이라고 번역하였다.
이 맥락에서는 '협력', '공동 탐구', 혹은 '함께 상의함'을 의미한다.
178b5 참조.

29　그분들 : 아리스테이데스와 투퀴디데스를 가리킨다.

30　이런 이들 : 바로 이전 문장의 '나라의 일(공무)을 수행하는 사람들'을
가리킨다.

31　이분 : 뤼시마코스를 가리킨다.

32　같은 구민(dēmotēs)이고요 : 여기서 '구(區)'라고 번역한 'dēmos'는 고대
그리스 아테네의 행정구역의 단위이다. 아테네의 구(dēmos)는 기원
전 508년경 클레이스테네스의 개혁에 의해 139개의 구로 재편되었으
며, 이 구들은 다시 10개의 행정 부족(phylē) 하에 재편되었다. 플루
타르코스에 의하면, 투퀴디데스와 아리스테이데스 가문 모두 알로페
케 구에 속해 있었던 것으로 전해진다. 소크라테스 역시 이 알로페케
구민이다.

33　다몬(Damōn) : 기원전 5세기의 아테네 사람으로 그에 대해 알려진 것
은 거의 없다. 플라톤은 자신의 대화편에서 자주 대단한 경의를 갖고
다몬을 언급한다. Tatham(1966, 47쪽)에 따르면, 그는 공공연하게는
'mousikē' 선생이었는데, 'mousikē'라는 말이 갖고 있는 넓은 의미,
즉 모든 정신적 훈련에 대한 것을 함의하는 의미로서의 'mousikē' 선
생이 아니고, 우리가 현재 사용하는 음악(music)이라는 의미에서의
음악 선생이었다. 하지만 다몬은 음악 선생으로서 자신의 전문 분야
에 관련된 이론을 설명하는 것에 능했을 뿐만 아니라, 정치적이고 윤
리적인 견해에 있어서도 대단히 능력 있었다고 전해진다. 소크라테
스 자신이 다몬의 청자이자 숭배자였으며, 페리클레스도 마찬가지
였다고 한다. 플루타르코스는 다몬을 소피스트라고 부른다. 플라톤
의 다른 대화편 『프라타고라스』 316e에서 다몬의 스승 아가토클레스
가 언급되고 있는데, 여기서 아가토클레스는, 다몬에 대한 플루타르

코스의 언급과 마찬가지로, 음악을 구실로 소피스트 활동을 했다고 말해진다. 그러나 플라톤은 직접적으로 다몬을 소피스트라 부르지는 않았다. 『국가』 400a-c에서, 플라톤은 다양한 리듬들의 윤리적, 정치적 함의에 대한 다몬의 관점을 설명하고 있다. 424c에서도 다몬의 이름이 언급된다. 『알키비아데스 I』 118c에서는 페리클레스의 교사로 언급되고 있다. 『라케스』 197d에서는 소피스트인 프로디코스와 각별한 친분을 갖고 있었던 것으로 기술된다.

34 **소프로니스코스(Sōphroniskos)의 아들** : 소크라테스를 가리킨다. 소프로니스코스는 소크라테스의 아버지이다.

35 **여기 이 사람** : 뤼시마코스 자신을 가리킨다.

36 **선생 부친이 죽을 때까지 우린 의견이 맞지 않는 것이 없었다오** : 직역하면, '선생 부친은 나와 의견이 맞지 않는 것이 있기도 전에 먼저 세상을 떴다오' 정도가 된다. 소프로니스코스, 즉 소크라테스의 부친이 죽을 때까지 뤼시마코스 자신과 자신의 친구인 소프로니스코스 사이에 의견 차이(다툼)가 없었을 만큼 둘 사이의 관계가 각별하게 좋았다는 뜻이다.

37 **물론입니다. 아버지. 이분입니다** : 뤼시마코스가 질문을 던진 것은 두 아이 모두에게였지만, 대답은 한 아이만, 즉 뤼시마코스 자신의 아들인 아리스테이데스만 하고 있다. 이 아이들, 그러니까 뤼시마코스의 아들과 멜레시아스의 아들은 이후 더 이상 대화에 참여한 대목이 없다. 덧붙여 말하자면, 멜레시아스 역시, 이 대화편 전체에서 20단어 이상의 말을 하지 않는다(184e-185b 참조). 뤼시마코스도 멜레시아스의 의견을 대변하면서 전체 논의를 이끌고 있긴 하지만 실제 논의에 있어서는 어떤 입장을 갖고 참여했다고 볼 수 없다. 다시 말해서 실제의 논의는 단 세 사람, 그러니까 소크라테스와 라케스 그리고 니키아스에 의해 진행되고 있다.

38 **올바르게 세우고** : '올바르게 세우고'는 그리스어 'orthois'를 번역한 것이다. LSJ에서는 이 대목의 이 단어를 'make famous'로 옮기고 있다.

LSJ의 해석에 따르면 '(부친의) 이름을 드높이고', '(부친의) 명성을 보존하고' 정도의 의미로 읽으면 될 것 같다. 여기서는, 아래의 b1과 b3에서도 동근어들(orthounta(올바르게 세우는), orthē(올바르게 서 있을))이 등장하므로, 함께 맞춰 읽는 것이 자연스러울 것 같아 원뜻을 살려 'orthois'를 '올바르게 세우고'로 옮겼다.

39 델리온에서의 퇴각 : 델리온(Dēlion) 전투는 기원전 424년 보이오티아 (Boiōtia)의 동부에 있는 델리온 근방에서 이 델리온을 두고 아테네군과 보이오티아군이 벌였던 전투이다. 이 전투에서 아테네군은 보이오티아군에게 크게 패하여 퇴각한다.(투퀴디데스, 『펠로폰네소스 전쟁사』 4.91−6 참조) 『변명』 28e와 『향연』 220e−221b에서 소크라테스가 이 전투에 일반 중무장 보병으로 참가했음이 언급되고 있다. 특히 『향연』에서는 알키비아데스에 의해, 델리온 퇴각에서 이 전투에 참가한 소크라테스가 얼마나 침착하며 용감한 모습을 보여 주고 있었는지가 생생하게 묘사되고 있다. 라케스 역시 이 델리온 전투에 참가하고 있었던 것으로 언급되고 있으나 이 전투에서는 장군이 아니라 소크라테스와 마찬가지로 일반 중무장 보병으로 참가하고 있었던 것 같다.

40 믿을 만한 분들 : 라케스와 니키아스를 가리킨다.

41 이분들이 찬사를 보내고 있는 내용과 관련해서도 : 니키아스는 소크라테스가 자신의 아들을 위해 훌륭한 음악 선생을 소개해 주었던 일을 언급했고(180c8−d3 참조), 라케스는 델리온 전투에서 보여 주었던 소크라테스의 용감함을 극찬하였다(181a7−b4 참조). '이분들이 찬사를 보내고 있는 내용'이란 니키아스와 라케스가 소크라테스와 관련하여 언급한 이러한 일들을 가리킨다.

42 다른 생각 말고 : 그리스어 'mē allōs poiei'를 문장의 자연스러운 흐름을 위해 이렇게 옮겼다. 직역하면 '달리 하지 말고'이다.

43 우리와도 그리고 여기 이 젊은이들과도 : '우리'는 '뤼시마코스와 멜레시아스'를, '여기 이 젊은이들'은 동석하고 있는 '뤼시마코스의 아들과 멜레시아스의 아들'을 가리킨다.

44 다른 생각 말고 우리와도 그리고 여기 이 젊은이들과도 교제하면서 알고 지내 주시오 : 플라톤의 다른 대화편 『국가』 328d4-5의 구절과 매우 유사하다. 『국가』의 이 행에서도 소크라테스는 나이든 케팔로스로부터 그 자신과 자신의 아들들을 더 자주 방문해 줄 것을 요청받는다.

45 선생과 이 젊은이들도 : 원문에는 '당신들도'(hymeis)라고 되어 있으나, 여기서는 '당신들'이라는 말이 부자연스러워 그 말이 지칭하는 사람들인 '선생(소크라테스)과 이 젊은이들도'로 풀어 썼다. 여기서 '이 젊은이들'은 물론 뤼시마코스의 아들과 멜레시아스의 아들을 가리킨다.

46 우리의 우정 : 뤼시마코스 자신과 소프로니스코스의 우정.

47 여러분은 뭐라 주장하시겠소? : 니키아스, 라케스, 소크라테스 모두에게 묻고 있다.

48 그 문제 : 중무장 전투술을 청년들에게 가르치는 것이 적절한가에 대한 문제를 가리킨다.

49 어르신께서 요청하시는 모든 일들을 : 두 집안 간의 친교를 재개하기를, 즉 뤼시마코스와 그의 아들이 소크라테스와의 친교를 맺기 원한다는 뤼시마코스의 바람을 언급하고 있다.

50 여기 이분들 : 니키아스와 라케스.

51 이 배울 거리 : 중무장 전투술을 가리킨다.

52 이 분야 : 이 배울 거리, 역시 중무장 전투술을 가리킨다.

53 이것은 그 어떤 신체 훈련들에도 뒤떨어지지 않으며 덜 힘든 운동도 아니니까요 : 중무장 전투술 훈련이 그 어떤 신체 훈련들 못지않게 신체적으로 고되고 힘이 드는 운동이라서 신체를 단련시키는 훈련으로서 충분한 효과가 있다는 의미이다.

54 이 훈련 : 중무장 전투술을 가리킨다.

55 경합 : 그리스어 'agōn'을 '경합'으로 옮겼다. 여기서 경합은 전투 상황을 비유한 것이다. 다른 곳에서 '시합'이라고 옮긴 그리스어는 'agōnia'이다.

56 그리고 나중에 이 배울 거리는 전투 그 자체에서도 … 이 모든 상황에서 그

는 우위를 점할 것이오 : 전투 시 중무장 전투술의 유용성에 대한 니키아스의 평가는 실로 대단하다. 니키아스는 지금, 밀집대형으로 벌어지는 집단전뿐만 아니라 개인전에서도 중무장 전투술은 그것을 익힌 자에게 항상 우위를 점하게 해 준다고 말하고 있다. 심지어 중무장 전투술을 익힌 자는 여러 명의 상대와 맞붙을 때에도 해를 입지 않는다. 실전에서의 중무장 전투술에 대한 니키아스의 이러한 과대평가는 나중에 진행될 이것에 대한 라케스의 과소평가와 대비된다(183c1–184a1 참조).

57 **전투대형과 관련된 배울 거리** : '전투대형과 관련된 배울 거리'라고 옮긴 'to mathēma to peri tas taxeis'는 곧 'taktika'를 가리키는데, 그리스어 'taktika'는 '진을 짜는 법'을 포함한 '전법(전술)'을 의미한다.

58 **장군의 지휘술** : 그리스어 'stratēgia'를 '장군의 지휘술'로 옮겼다. 말 그대로 장군(stratēgos)이 갖춰야 하는 기술을 의미한다. 그리스어 'stratēgia'가 영어의 'strategy'의 어원이 되겠으나 '전략'이라는 의미보다는 좀 더 넓은 의미를 갖고 있는 듯하다. 크세노폰의 『회상』 3.1.6에서 'taktika'가 'stratēgia'의 일부로 언급된다.

59 **이런 것들** : '전투대형과 관련된 배울 거리', 즉 '전법'(taktika)과 '장군의 지휘술'(stratēgia)을 가리킨다.

60 **이 배울 거리** : 중무장 전투술을 가리킨다. 니키아스는 바로 이 '중무장 전투술'이 남자가 배울 만한 가치가 있는 훌륭한 배울 거리이자 익힐 거리인 '전법'과 '장군의 지휘술'을 이끄는 출발점이 됨을 주장하고 있다.

61 **바로 이 앎** : 역시 중무장 전투술을 가리킨다. 용어의 전환이 있다. 앞에서 '배울 거리'(mathēma)로 부르던 것을 여기서 '앎'(epistēmē)으로 바꾸어 부르고 있다.

62 **라케다이몬 사람들** : 스파르타 사람들을 가리킨다. '라케다이몬'은 원래 스파르타와 그 주변 지역을 함께 가리키는 말이지만, 이 표현은 흔히 '스파르타'와 동의어로 쓰인다.

63 라케다이몬 사람들이 이것을 간과했을 리 없었을 것 : 중무장 전투술에 대한 라케스의 저평가는 앞서 니키아스가 182b4에서 '중무장 전투술을 익힌 자는 전쟁의 모든 상황에서 우위를 점할 것'이라고 극찬한 것과 대비를 이룬다. 지금 라케스는 그리스에서 가장 탁월한 군사력을 갖춘 라케다이몬 사람들(스파르타 사람들)이 관심을 갖지 않는 군사 기술은 군사 훈련법으로서 그리 추천받을 만한 가치가 없음을 역설하며 중무장 전투술의 무용성을 주장하고 있다.

64 우리 : '아테네 사람들'을 가리킨다.

65 마치 비극 작가가 우리 사이에서 영예를 얻고 나서 그러는 것과 정확히 마찬가지지요 : 스파르타에서의 전투술의 시연과 아테네에서의 비극 작품의 시연이 같은 수준에서 비교의 대상이 되고 있다. '전쟁에서 이기는 법과 관련된 전투 기술'은 다른 곳이 아닌 스파르타에서 인정받아야 하고, '비극 작품의 우수성'은 다른 곳 아닌 아테네에서 인정받아야 함을 암암리에 보여 주고 있다.

66 아티케 : 아티케(Attikē)는 아테네를 중심으로 아테네와 주변 지방을 가리키는 말이다.

67 이곳 : '아테네'를 가리킨다.

68 여기 이 사람들에게 : 아테네 사람들에게.

69 중무장을 하고 싸우는 이 사람들은 … 라케다이몬을 … 걸어 들어가질 않소이다. 그리고 그 주변을 돌아다니면서 오히려 다른 모든 이들에게 시범을 보입니다 : 중무장 전투술이 그리 훌륭한 전투 기술이 아니어서 스파르타에서 시범을 보이지 못하고 스파르타 사람들로부터 훌륭한 전투 기술로 인정받지 못한다는 라케스의 이 주장은 아테네에서의 비극 공연 시범과의 비유를 통해 수사적 힘을 발휘하고 있긴 하지만(주 65 참조), 논리적으론 그리 설득적이지 못하다. 왜냐하면 중무장 전투술의 교사들이 스파르타에 들어가지 못하고 주변을 맴도는 까닭은 다른 데 있을 수도 있기 때문이다. 가령 스파르타 사람들 자체가 외지인들에 대해 개방적이지 않거나 새로운 전투 기술에 대해 수용적

이지 않다면, 비록 중무장 전투술의 교사들이 훌륭한 전투 기술을 갖고 있다 해도 스파르타에서 시범을 보이고 그들의 전투 기술을 인정받을 기회를 얻을 수 없기 때문이다. Tatham(1966), 54쪽과 Emlyn-Jones(1996), 69쪽 참조.

70 **전투 현장에서** : 그리스어 'en autōi tōi ergōi'를 이렇게 옮겼다. 직역하자면 '바로 그 일이 벌어지는 곳에서' 정도이겠지만, 맥락상 '전쟁과 관련된 바로 그 일이 벌어지는 곳'이란 '전투 현장'을 말하는 것이므로 문맥에 맞게 이렇게 옮겼다.

71 **이 사람들은** : 중무장술을 익힌 사람들은

72 **스테실레오스(Stēsileōs)** : 우리는 이 대화편이 시작되는 장면에서, 대화를 나누고 있는 사람들, 즉 뤼시마코스, 멜레시아스, 라케스, 니키아스 등이 지금 이 대화를 시작하기 직전 '그 사람(ton andra)'(178a1)의 중무장 전투술 시범을 구경하고 나왔음을 읽었다. 그때 그들이 언급했던 '그 사람'의 이름, '스테실레오스'(Stēsileōs)가 여기서 처음 등장하고 있다. 스테실레오스라는 인물에 대해서는 이 대화편에서의 언급 외에 별달리 알려진 것이 없다.

73 **수병으로 복무하고 있던** : 투퀴디데스의 『펠로폰네소스 전쟁사』 6.43에 따르면, 아테네군 가운데 수병으로 복무했던 사람들은 아테네 시민 중 가장 낮은 계층이다.

74 **낫창** : '낫창'으로 번역한 그리스어 'dorydrepanon'은 그리스어 'dory'(창)와 'drepanon'(낫)이 합쳐진 말이다. 이 'dorydrepanon'은 이어진 설명에서도 나오듯 그 끝에 낫이 달려 있는 창을 말한다. 이 무기는 해전에서 상대편 배의 닻줄 등을 자르기 위해 고안된 도구였던 것 같다.

75 **창이 그의 손아귀에서 빠져나가면서 마침내 그는 창자루 끝을 붙들게 되었지요** : 직역하면, '그는, 창자루의 끝을 붙들게 될 때까지, 그 창을 자기 손아귀에서 빠져나가게 하고 있었지요.' 정도이겠으나, 우리말 어감에 맞게 문장을 자연스럽게 다듬었다.

76 마주친 일들 : 라케스는 주어진 문제에 대하여 이론보다는 자신의 경험을 더 중요하게 생각하는 인물이다. 그는 지금 자신이 전투 현장에서 직접 목격한 경험을 바탕으로 중무장 전투술의 무용성을 호소하고 있다. 이론보다는 경험을 더 가치 있게 여기는 라케스라는 인물의 이러한 특징은, 183c1에서 "저는 전투 현장에서 이런 사람들 … 곁에 있어 봤고 이들이 어떠한 자들인지를 목격하였습니다."를 시작으로, 183d3의 "저는 다른 곳에서 이자가, 자신이 의도한 것은 아니었지만, 실전에서 실제로 더 멋진 시범을 보이는 것을 구경했답니다.", 그리고 여기 184a8에서 "어쨌거나 제가 마주친 일들은 뭐 이런 것들이었습니다."로 이어지는 표현을 포함하여, 183c1–184b1에 걸쳐 그려진 현장의 생생한 묘사 등에서 확인할 수 있다. 또한 경험을 중시하는 라케스의 이러한 성향은 이미 앞서 표명되었던 소크라테스에 대한 평가에서도 확인할 수 있는데, 181a8–b4에서 라케스는 "저는 다른 곳에서도 그(소크라테스)가 자신의 부친뿐만 아니라 조국을 올바르게 세우는 걸 보았으니까 말입니다. 그는 델리온에서의 퇴각에서 저와 함께 철수하고 있었는데요, … 다른 사람들이 이 소크라테스와 같은 사람이고자 했다면, 우리나라는 올바르게 서 있을 것이고, 그때 그와 같은 참패를 당하지 않았을 거 …."라고 말하고 있다. 라케스의 소크라테스에 대한 이러한 높은 평가도 소크라테스의 이론적 측면보다는 라케스 자신이 실전에서 목격한 소크라테스의 용감한 모습에 기초하고 있다.

77 제가 처음에도 말했던 것처럼 : 182d8–e4의 내용을 가리킨다.

78 용맹함에 있어 : 여기서 '용맹함'이라 번역한 그리스어는 'aretē'이다. 그리스어 'aretē'는 그 의미에 있어서도 함의가 대단히 깊은 말이지만, 특히 번역에 있어서 매우 어려움을 주는 단어이다. 'aretē'는 우리말로 보통 '탁월함'이나 '덕'(德)으로 번역된다. 일차적으로 'aretē'는 어떤 사물의 기능이 모두 잘 발휘된 상태를 가리키기 때문에 이런 맥락의 의미가 강조될 때는 보통 '탁월함'이란 번역을 택한다. 그런

데 인간에게 있어서 인간의 기능을 가장 잘 발휘하는 상태를 가리킬 때 그것은 도덕적 가치의 의미가 함축될 수밖에 없고, 그런 의미가 강하게 쓰이는 맥락에서는 보통 '덕'(德)이라고 번역된다. 그리고 호메로스의 서사시에서는 특별히 영웅들이 갖추고 있는 탁월성, 즉 전쟁 상황에서 그들이 갖추고 있는 좋은 상태를 가리킬 때, 이 'aretē'라는 단어가 사용되었는데, 그런 맥락 아래서 'aretē'는 특별히 '남자다움', 즉 '전투 상황에서의 용맹함', '용기'라는 의미로 사용되었다. 비단 호메로스의 용례뿐만 아니라 철학적이지 않은 일반적인 맥락에서도 'aretē'는 흔하게 '용기'의 의미로 사용되었다.('aretē'의 비철학적 사용 측면에 관해서는 Emlyn-Jones(1996), 8쪽과 72쪽 참조) 헤로도토스, 『역사』 1.176, 8.92, 9.40과 투퀴디데스, 『펠로폰네소스 전쟁사』 5.9 등에서도 그런 의미로 'aretē'라는 단어가 사용되고 있다. 『라케스』의 이 대목에서는 맥락상 'aretē'가 '전투 상황에서의 용맹함', 즉 '용기'라는 의미로 사용되고 있다고 볼 수 있기 때문에, 이 단어를 '용맹함'으로 번역했다. 이 대화편에서 이런 의미의 쓰임에 준하여 'aretē'를 '용맹함'이라고 번역한 곳은 여기와 189b 두 곳이다. 하지만 이 두 곳을 제외하고 다른 곳에서 'aretē'는 모두 '덕'으로 번역되었다. 앞으로 진행될 대화에서 용기란 덕의 일부이지 덕 전체가 아니라는 것이 논의의 중요한 한 축으로 등장한다. 이때의 'aretē'에 해당하는 목록들이 바로 용기, 절제, 정의 같은 것들이다. 이런 맥락에서 쓰이는 'aretē'는 시대나 사회가 요구하는 인간이 갖춰야 할 보편적 도덕 가치의 의미가 크다. 그래서 이런 경우들은 모두 '덕'으로 번역하였다.

79 처음에 제가 어르신께 말씀드렸듯이 : 181a7을 가리킨다.

80 평의회(boulē) : '평의회'는 원래 아테네 민주정의 회의 기관을 가리키지만, 여기서는 이 명칭이 대화가 진행되고 있는 지금의 논의에 대한 비유로 사용되고 있다. 정치 기관인 평의회(boulē)는 민회(ekklēsia)에서 다룰 의제를 사전에 준비하고 민회에서 결정된 사항을 실행에 옮기는 일을 했다.(클레이스테네스의 개혁이 이루어진 기원전 508년을 기준

으로 평의회 의원은 매년 10개의 행정 부족구(phylē)에서 50명씩 추첨에 의해 선발된 500명으로 구성되었다.) 의안에 대한 의결은 표결에 의해 결정되었다. 이후 이 대화는 주어진 문제에 대한 판단의 근거가 다수가 아닌 전문가의 전문적 지식에 의거해야 한다는 소크라테스의 주장으로 이어지는데, 지금의 이 논의를 '평의회'로 지칭하는 것은 '평의회'의 의결 과정에 대한 소크라테스의 정치적 비판의 측면을 보여 준다.

81 멜레시아스 : 멜레시아스의 발언은 이 대화편 『라케스』에서 여기 184d8-185b8에서만 등장한다. 여태까지는 뤼시마코스가 멜레시아스의 입장까지 대변하며 대화를 진행해 왔지만, 소크라테스는 지금 이 대목에서 멜레시아스에게 직접 질문을 함으로써 멜레시아스의 의견을 끌어들인다. 그러나 멜레시아스는 아이들의 교육을 위한 조언은 다수가 아닌 전문가에게서 받아야 한다는 데에 동의를 하는 데까지만 대화에 개입하고 더 이상 대화에 개입하지는 않는다. 한편 멜레시아스는 뤼시마코스와 함께 『메논』 94c에서 언급되는데, 여기서 멜레시아스는 아버지 투퀴디데스로부터 훌륭한 교육을 받았고 아테네에서 최고의 레슬링 선수가 된 것으로 묘사된다. 주 21 참조.

82 이 재산 : 뤼시마코스와 멜레시아스의 자식들을 가리킨다. 왜 자식들이 가장 중요한 재산으로 여겨져야 하는지에 대해서는 바로 다음 문장에서 설명되고 있다. 자식들의 됨됨이에 따라 이후 집안 (재정적인 것을 포함하여) 전체의 운명이 결정되기 때문이다.

83 제가 방금 말한 것에 관하여 : 184d8-e3의 내용을 언급하고 있다. 즉 만일 아들의 시합을 위해 무엇을 훈련해야 하는지에 관한 평의회가 있다면, 다수와 전문가 중 누구를 따르겠냐는 내용의 물음이다.

84 누군가 어떤 것을 위해 뭔가를 살펴보고 있는 경우, … 아닙니다 : 누군가 A를 위해 B를 살펴보고 있는 경우, 그가 정말 관심을 두고 있는 것은, B를 살펴볼 때 이 살펴봄의 목적이 되고 있는 A에 대한 것이지, A를 위해 찾고 있었던 B에 대한 것이 아니라는 뜻이다. 다시 말해 어

떤 목적을 위해 어떤 수단을 살펴보는 경우, 이때의 평의회는 그 목적에 관한 것이지 그 목적을 위한 수단에 관한 것이 아니라는 말이다. 가령, 앞의 예에서 언급되었듯이, 눈(목적)을 위해 약(수단)을 살펴보는 경우, 이때의 평의회는 눈(목적)에 관한 것이지 눈을 위한 약(수단)에 관한 것이 아니다.

85 만일 우리가 교사들이 있었다고 주장한다면 : 그리스어 'ei … phamen echein'의 'echein'의 의미를 '가지고 있다'(have)로 보고 이 구절을 우리말 어감에 맞게 이렇게 번역하였다. 'ei … phamen echein'에 대한 해석은 크게 두 가지로 갈린다. 첫 번째는, 'echein'을 '가지고 있다'(have)의 의미로 보고 '가지고 있음'의 대상으로 '교사'를 보충하여 읽어, '우리가 그것의 교사를 가지고 있다고 주장한다면', 즉 '만일 우리가 그것의 교사를 두고 있다고 주장한다면'이라고 해석하는 것이다. 두 번째는, 'echein'은 용법상 'echein+부정사'가 'to be able'(…할 수 있다)의 의미이므로, 'echein'에 걸리는 부정사로 'epideiksai'를 보충하여 읽어, '우리가 보여 줄 수 있다고 주장한다면'이라고 해석하는 것이다. 알렌(R. E. Allen), 스프래그(R. K. Sprague)는 첫 번째를 따랐고, 테이덤(M. T. Tatham), 엠린−존스(C. Emlyn−Jones), 뉴홀(B. Newhall), 워터필드(R. Waterfield)는 두 번째를 따랐다. 어느 쪽으로 보아도 무방하나, 186a3∼b8의 전체 구성상, 라케스와 니키아스 등이 행해야 하는 첫 번째 선택지의 의미를(주 88 참조) '우리가 교사를 두고 있었다라고 주장한다면, 우리의 교사가 훌륭한 교사였음을 증명해 보여라'로, 두 번째 선택지의 의미를 '우리가 교사 없이 스스로 전문가가 된 것이라 주장한다면, 자신이 그런 전문가다운 면모를 지니고 있음을 증명해 보여라'라는 의미로 새기는 것이 조금 더 자연스러운 것 같아, 여기서는 'echein'을 첫 번째의 의미인 '가지고 있다'로 해석하는 것을 따랐다.

86 한편으로, … 다른 한편으로, : 186a6의 'ei men'을 b5의 'ei de'와 호응하는 것으로 보고 번역하였다.

87   만일 우리가 이 두 가지 어떤 경우에도 해당되지 않는다면 : 즉, 좋은 교
      사도 갖지 못했고, 또 교사 없이 그 자신이 스스로 전문가가 되어 다
      른 사람을 훌륭하게 만든 결과물들도 갖고 있지 않다면.

88   그렇다면, … 없도록 해야 합니다 : 186a3–b8로 이어지는 소크라테스
      의 이 긴 말은 그리스어로는 원래 한 문장이다. 긴 문장을 우리말 어
      감에 맞춰 내용에 따라 분절하여 번역하였다. 그리스어 문장의 구조
      는 다음과 같다. 186a3의 'hemas … dei'(우리 또한 … 해야 합니다)가
      부정사 ①'epideiksai'(보여드려야)(a6), ②'eipein kai epideiksai'(말하고
      보여주어야)(b3), ③'keleuein zetein kai mē … kindyneuein'(찾으시라
      고 권해드려야 하며 감히 … 모험을 하여 … 없도록 해야)(b6)을 지배하고,
      이것들은 각각 소크라테스가, 라케스와 니키아스, 뤼시마코스와 멜
      레시아스에게 행해야 한다고 말하는 세 가지 선택지인 (1)'ei men …'
      (한편으로, 만일 …)(a6), (2)'ē ei tis …'(그렇지 않고, … 누군가가 …)(b1),
      (3)'ei de mēden …'(그러나 다른 한편으로, 만일 …)(b5)의 귀결절의 내
      용을 제공한다. 세 선택지의 내용은 각각 (1)우리에게 교사가 있었다
      고 주장하는 경우, (2)교사 없이 (스스로 전문가가 되어) 자신의 결과물
      들을 갖고 있다고 주장하는 경우, (3)위 두 경우가 아닌 경우이다.

89   방금 전에 : 184c9 참조.

90   카리아 사람(Kar) : 카리아(Karia)는 소아시아 남서부에 위치했던 지역
      으로, 이오니아, 뤼키아 등에 둘러싸여 있었다. 노예와 용병의 공급
      지로 알려져 있다. 여기서 카리아 사람이란 소모용 대상을 비유하는
      것인데, 초심자의 실험용으로 적합한 대상을 가리킨다. 『에우튀데모
      스』 285c에서도 비슷한 의미로 언급된다.

91   '포도주 항아리로 도기 만드는 기술을 시작하는 일' : 이 속담은 플라톤
      의 다른 대화편 『고르기아스』 514e에서 보다 긴 형태로 언급된다.
      "to legomenon dē touto, en tō pithō tēn kerameian epicheirein
      manthanein"(포도주 항아리로 도기를 만드는 기술을 배우려 한다) 포도주
      항아리는 도기 중에서도 크기가 큰 종류의 것이어서 만들 때 작업이

쉽지 않으며 실수가 있을 시 그 대가가 큰 물건이다. 도기 만드는 기술을 배울 때에는 만들다가 깨지더라도 손실이 작을 접시 같은 작은 물건을 만드는 데서 시작해야 할 터인데, 실수의 대가가 큰 커다란 포도주 항아리에서 배우기 시작하는 것은 위험 부담이 큰 일일 수밖에 없다. 이 속담은 '걸을 수 있기도 전에 뛰려고 하기' 정도의 의미로 새길 수 있다.

92 소크라테스는 자신이 … 말해 주십시오(186d8–187b5) : 원문에서, 186d8 에서부터 187b5까지는 소크라테스가 뤼시마코스에게, 라케스와 니키아스한테 물어보라고 권하는 내용의 간접화법 구문이다. 그러나 이 구문은 사실상 직접화법처럼 서술되어 있기 때문에 소크라테스 자신이 제삼자로 지칭되고 있다. 이 구문은 따옴표(" ")로 묶어서 따로 표시를 하였다.

93 내가 처음 말을 시작했던 것도 여기서부터였으니까요 : 179a8 이하 참조.

94 우리의 소유물 중 가장 중요한 것에 관하여 : 자식들을 가리킨다. 185a5 참조.

95 구민들 속에서 : 180c에서 소크라테스와 뤼시마코스가 같은 구민이라는 언급이 있었다. 180c 주 32 참조.

96 소크라테스 선생과 매우 가까이 지내면서 : 텍스트에는 원래 'engytata Sōkratous ē'(소크라테스 선생과 매우 가까이 지내면서) 다음에 'logō hosper genei'(말로써 혈속처럼)가 있으나, OCT는 이 구절에 괄호를 쳤다. 크론(C. Cron)이 그렇게 읽었고, 슐라이어마허(F. Schleiermacher)는 'hosper genei'만 괄호를 쳤다. 번역가들은 대부분은 'logō hosper genei'를 빼고 읽었다. 불필요한 구절이라 생각되어 여기서도 OCT와 대부분의 번역가들을 따라 이 구절을 빼고 읽었다.

97 이 사람 : 소크라테스를 가리킨다.

98 이러한 일들 : 소크라테스와 문답을 주고받으며 소크라테스에게 자신의 주장을 검토받는 일을 말한다.

99 솔론의 말 : 솔론(Solōn, 기원전 약 640년~560년)은 그리스의 일곱 현인

중 한 사람으로 일컬어지며 아테네의 유명한 정치가이자 시인이다. 아테네의 집정관으로 선출되어(기원전 594년) '솔론의 개혁'이라 일컫는 여러 개혁을 단행하였다. 이 구절과 관련된 솔론의 말은 'gēraskō d' aiei polla didaskomenos'(그러나 나는 계속해서 많은 것들을 배우면서 늙어 가고 있다)이다. 또 관련 구절이 플라톤의 다른 대화편 『국가』 7권 536c-d에도 등장한다. 'gēraskōn tis polla dynatos manthanein'(늙어 가면서 많은 것들을 배울 수 있다) 이후 189a에서 이 부분이 다시 언급된다.

100 어떤 마음을 품고 있는지를 : 'hopos echei'를 이렇게 옮겼다. 직역하면 '어떤 상태인지를' 정도이다.

101 논의를 싫어하는 사람 : 그리스어 'philologos'를 '논의를 좋아하는'으로, 'misologos'를 '논의를 싫어하는'으로 옮겼다. 『파이돈』 89d와 『국가』 411d 참조.

102 음계 : 그리스어 'harmonia'를 여기서는 '음계'로 번역했다. 'harmonia'는 음악과 관련되지 않은 맥락에서는 일반적으로 사물이나 사람들 간의 '조화', '일치' 등의 의미로 쓰이지만, 음악과 관련된 맥락에서는 '음의 높이에 따라 일정한 순서로 배열한 음들의 층계'인 '음계'(영어로는 'musical scale'), 혹은 좁게는 음계를 음정 관계나 으뜸음의 위치 등에 따라 더욱 세분한 '선법'(영어로는 'musical mode')의 의미로 쓰인다. 선법의 종류는 여기에서도 나와 있지만, 『국가』 398d-399a에 그 종류와 성격이 보다 자세하게 기술되어 있다. 『국가』에서는 여기에 기술된 이오니아 선법(iasti), 뤼디아 선법(lydisti), 프뤼기아 선법(phrygisti), 도리스 선법(dōristi) 외에 혼합-뤼디아 선법(meixolydisti), 엄격한-뤼디아 선법(syntonolydisti) 등이 더 언급된다. 오늘날 장조(장음계에 바탕을 둔 조)의 곡이 밝고 경쾌한 느낌을 주는 반면 단조(단음계에 바탕을 둔 조)의 곡이 어둡고 슬픈 느낌을 주는 것처럼, 이 선법들도 각기 다른 느낌의 정서를 일으켰다. 『국가』 398e에서는 이오니아 선법과 뤼디아 선법을 부드럽고 주연에 맞는 선법

으로 묘사하고 있으며, 장송곡풍의 선법으로는 혼합-뤼디아 선법과 엄격한-뤼디아 선법을 꼽고 있다. 'harmonia'는 '일정한 법칙에 따라 음의 높낮이가 다른 음들을 동시에 혹은 연결하여 낼 때 나는 소리'라는 의미의 근대적 음악 용어인 '화음'이나 '화성'(영어로는 'harmony')과는 다른 개념이다. '화음' 개념에 가까운 그리스어는 'symphōnia'이다. 『법률』 665a에서는 'harmonia'를 'tē taxis tēs phōnēs'(음성의 질서)라고 말한다. 한편, 'harmonia'의 동사 형태인 'harmozein' 역시 일상적인 맥락에서는 '조화를 이루다', '잘 맞다', '일치하다'와 같은 의미로 쓰이지만, 음악적인 맥락에서는 '(악기를) 조율하다'의 의미로 쓰인다. 여기『라케스』 188d에서는 동사 'harmozein'의 분사 형태인 'harmottonta'(d2)와 'hērmosmenos'(d4)가 명사 'harmonia'(d3,7)와 함께 반복적으로 쓰이고 있는데, '조화를 이루다'(d2)라는 의미와 함께 '조율하다'(d4)라는 의미가 같이 쓰였으며, 또한 비슷한 의미인 'symphōnon'(일치하는, 조화로운)도 함께 사용되고 있다. 단어들의 이러한 사용은 말과 행동의 일치 혹은 조화라는 상황을 비유적으로 음악적인 상태에 맞추어 쓴 것이라 할 수 있다.

103 **실제로** : 원래 텍스트에는 'tō onti'(실제로) 뒤에 'zēn hērmosmenos hou'가 있으나, 구문적 어려움 때문에 OCT의 제안대로 빼고 읽었다. 배드햄(C. Badham)이 'zēn hērmosmenos hou'에 괄호를 쳤고, 샨츠(M. Schanz)는 'hērmosmenos hou'에만 괄호를 쳤다. 테이텀(1966)은 'hou'에만 괄호를 치고 읽었다.

104 **도리스 선법** : 도리스 선법은 특히 근엄하고 군인다운 선법이다. 라케스가 군인임을 기억하자. 주 102 참조.

105 **이전에 그의 행위들을 경험했던** : 델리온 전투에 소크라테스와 라케스는 중무장 보병으로 참가하고 있었고, 델리온에서 퇴각할 때 라케스는 소크라테스의 침착하고 용감한 모습을 직접 목격하였다. 181a7-b4에서 라케스는 그때 보았던 소크라테스의 용맹한 모습을 극찬하고 있다. 주 39를 참조할 것.

106 이러한 면 : 훌륭한 말들과 온갖 솔직한 발언을 가리킨다. 소크라테스
     의 행동의 측면은 이미 직접 목격하였으니 소크라테스의 말의 측면을
     확인하겠다는 의미이다.

107 솔론에게 : '늙어 가면서 많은 것들을 배울 수 있다'는 솔론의 말을 언
     급하고 있다. 188b의 내용과 주 99를 참조할 것.

108 내가 배움을 싫어해 : 188b-c에서 니키아스는, 자신은 소크라테스에
     게 시험받는 것이 불쾌하지(싫지) 않지만, 이런 것에 대해 라케스는
     어떤 마음인지 살펴보자고 했다. 지금 라케스의 이 언급은 니키아스
     의 그 발언을 의식한 말이다.

109 가르치고 있는 자가 나이가 더 어리거나 : 앞에서 소크라테스가 자신보
     다 니키아스와 라케스가 나이가 많고 경험이 많으므로 먼저 이들에
     게 가르침을 받는 것이 마땅하다고 말한 것에 대한 언급이다. 181d와
     186c 참조.

110 그날 : 델리온 전투를 말한다. 181a7-b4, 188e와 주 39를 참조할 것.

111 용맹함의 증거 : 단어 '용맹함'(aretē)에 대해서는 주 78을 참조할 것.
     용맹함의 증거는 델리온 전투에서 보여 준 소크라테스의 용감한 모습
     을 말한다. 181a7-b4와 주 39 참조.

112 우리 나이를 개의치 마시고 : 주 109 참조.

113 두 분 : 니키아스와 라케스를 가리킨다.

114 세 분 선생들 : 니키아스, 라케스, 소크라테스를 가리킨다.

115 지금 막 : 185b1-187b7에서의 내용을 가리킨다.

116 우리에게 … 누가 있었는지 : 186a3-b8에서 소크라테스는, 젊은이들
     의 조언자로서 우리가 자격이 있는지 여부를 위해 우리가 보여야 할
     것으로 두 가지의 선택지를 제안했었다. 첫 번째는 '우리에게 어떤 교
     사들이 있었는지'이고, 두 번째는 '(교사 없이 스스로 전문가가 된 것이라
     면) 우리가 누군가를 훌륭한 사람으로 만들었는지'이다.

117 우린 살펴볼 겁니다 : 하지만 이 주제, 즉 용기가 어떻게 젊은이들에게
     있게 될 수 있는지에 대한 것은 이 대화편에서 더 이상 다뤄지지 않

는다.

118 누군가 대오를 지키면서 적들을 막아 내고자 하고 도망치지 않는다면 그는 용감한 사람일 거 : 용기에 대한 라케스의 첫 번째 정의이다. 즉 '용기란 대오를 지키면서 적들을 막아 내고자 하고 도망치지 않는 것이다.' 하지만 이후 소크라테스도 지적하듯이 용기에 대한 라케스의 이 정의는 충분히 포괄적이지 못하다.

119 도망치다니 그게 무슨 말이오? : 사실 181a7-b4에서 라케스는 이미, 도망치면서도 용감함을 보여 주었던 좋은 예, 즉 델리온 퇴각에서 보여 준 소크라테스의 용감함을 그 자신이 설명했었다.

120 스퀴티아 사람들(Skythai) : 흑해 북부에 살았던 기마 유목 민족이다. 그리스 사람들과 교역을 했다. 말을 타고 활을 쏘며 싸움을 한 민족들 중 가장 이른 민족으로 알려져 있다. 주 활약기는 학자마다 의견의 차이는 있지만 대략 기원전 6세기~3세기로 본다. 헤로도토스의 『역사』 4.120 이하에서 이들의 전략적 후퇴의 진행 과정이 자세하게 묘사되고 있다.

121 '이리저리 너무도 민첩하게' '추격하고 도주하는 법을 안다' : 호메로스의 『일리아스(Ilias)』 5.222-3과 8.106-7에 나오는 구절이다. 아이네이아스의 말들에 대해 묘사한 구절이 동일한 형태로 두 번 나온다. : 'Trōioi hippoi epistamenoi pedioio kraipna mal' entha kai entha diōkemen ēde phebesthai.'(트로이 말들이 들판을 가로질러 너무도 민첩하게 이리저리 추격하고 도주하는 법을 안다.)

122 도주 : 그리스어 'phobos'는 일반적으로 '무서움', '두려움', '공포'의 의미로 쓰이지만, 호메로스에서는 자주 이 말이 '공포의 도주', '무서워서 달아남', 혹은 그냥 '도주'의 의미로도 쓰였다(『일리아스』 11.71, 15.396, 15.579 등 참조). 같은 맥락에서 '무서워하다'라는 의미의 동사 'phobein'의 수동 형태 'phebesthai'는 '도주하다', 혹은 '무서워서 도주하다'라는 의미로 쓰였다. 여기서는 이 단어 'phobos'를 앞(191b1)의 'phebesthai'(도주하다)라는 말을 받은 것으로 보아 '도주'라고 옮겼

다. 하지만 사실 여기서는 소크라테스(혹은 플라톤)가 의도적으로 이 말의 양의성을 사용하고 있다고 할 수 있다.

123 '도주를 일으키는 자' : 그리스어 'mēstōra phoboio'를 이렇게 번역했다. 그리스어 'mēstōr'는 '조언자'라는 의미도 있지만, '저작자'(영어로는 'author')라는 의미가 있다. 여기에서는 '저작자'의 의미로 새겨 '(…를) 일으키는 자' 정도로 번역했다. 그리고 주 122에서 설명한 바와 같이 그리스어 'phobos'는 '도주'라는 의미뿐만 아니라 일반적으로 '무서움', '두려움', '공포'의 뜻으로 쓰였기 때문에 소크라테스(혹은 플라톤)는 지금 『일리아스』의 표현을 옮겨 와 이 말을 중의적으로 쓰고 있다. 그래서 'mēstōra phoboio'라는 그리스어 표현은 '도주를 일으키는 자'이면서 동시에 '공포(무서움)를 일으키는 자'라는 의미를 모두 함축하고 있다. 둘의 의미를 다 함축하는 우리말을 찾을 수가 없어서 앞 내용과 좀 더 자연스럽게 연결되는 '도주를 일으키는 자'로 번역했지만, 이 말의 이중적인 의미를 염두에 두길 바란다. 호메로스의 『일리아스』5.272와 8.108 참조. 여기에서는 아이네이아스의 두 말을 가리켜 'mēstōre phoboio'라고 지칭하였다.

124 스퀴티아 기병대가 … 어쨌든 그리스 중무장 보병대는 … : OCT는 이 부분에 있는 'to ekeinōn'와 'to ge tōn Hellēnōn'을 빼고 읽을 것을 제안하고 있으나, 굳이 그럴 필요가 없을 뿐만 아니라 오히려 삭제하지 않고 읽는 것이 대비가 더 잘 살기 때문에 이 단어들을 그대로 살려서 읽었다. 번역에서는 '스퀴티아 (기병대가)' … '어쨌든 그리스 (중무장 보병대는)' 부분이다.

125 라케다이몬 중무장 보병대는 제외하고 그럴 겁니다 : 소크라테스는 지금 라케다이몬, 즉 스파르타 사람들의 높은 군사적 기량에 대한 명성을 상기시키고 있다. 182e 참조.

126 버들가지 방패병대(gerrophoroi) : 페르시아 군대를 가리킨다. 헤로도토스의 『역사』 7.61에는 페르시아 병사들의 복색과 장비가 자세하게 묘사되어 있는데, 이들이 든 방패가 버들가지 방패(gerra), 즉 버들가지

를 엮어 만든 방패였다. 이 버들가지 방패는 『역사』 9.61과 9.102에서
도 언급된다.

127 제 탓이라고 했던 겁니다 : 190e7-10을 두고 하는 말이다.

128 이 둘 각각 : '용기'와 '비겁함'을 가리킨다.

129 이게 제가 알아보고 있던 겁니다 : 190d7-8 참조.

130 영혼의 어떤 인내 : 용기에 대한 라케스의 두 번째 정의. 즉 '용기란 영
혼의 인내'이다. 그리스어 'karteria'를 '인내'라고 번역했다. 동사형인
'kartereín'은 문맥에 맞추어 '참다', '버티다', '인내하다' 등으로 번역
했다. 용기에 대한 라케스의 첫 번째 정의는 '용기란 대오를 지키면서
적들을 막아 내고자 하고 도망치지 않는 것'이었다. 190e5-6 참조.

131 이런 인내 : '어리석음을 동반한 인내'를 말한다.

132 현명한 인내가 용기 : 용기에 대한 라케스의 두 번째 정의에 대한 소크
라테스의 부가. 즉, 용기란 영혼의 인내이며 또한 가장 훌륭한 것들
에 속하는데, 어리석은 인내는 해롭고 유해한 반면 현명한 인내는 아
름답고 훌륭하므로, 현명한 인내가 용기이다.

133 이자 : '상대편의 진영에 남아 버티며 싸우는 자'를 가리킨다.

134 앎 : 앞에서 '현명함'(phronēsis)(192c8, d10, e1)이라고 했던 것을 여기
에서는 '앎'(epistēmē)이란 단어로 바꿔 부르고 있다. 또 아래 '기술'
(technē)(b10, c9)이란 단어도 동일한 맥락의 의미로 쓰고 있다.

135 우물 속에 내려가 잠수하면서 : 『프로타고라스』 350a에서도 잠수하는
사람의 예가 등장한다. 잠수할 줄 아는 사람, 말을 탈 줄 아는 사람
등이 그렇지 못한 사람보다 더 대담하고 용감한 사람이라고 언급된
다.

136 그걸 : b5-c5에서 언급된 종류의 일들을 말한다.

137 앞에서 … 여겨지지 않았나요? : 192c8-d6에서 소크라테스와 라케스
는 현명함을 동반한 인내가 아름답고 훌륭하며, 어리석음을 동반한
인내는 해롭고 유해하다는 데에 동의했다.

138 우리가 동의했고요 : 192c5-7에서 라케스는 용기가 가장 훌륭한 것들

에 속한다는 데에 동의했다.

139 도리스 선법으로 조율 : 188d 참조. '말과 행동의 일치'에 대한 비유적
    표현이다.

140 우리가 용기를 나눠 갖고 … 없을 것 : 행동에 있어서는 두 사람 모두 델
    리온 전투에 참여하여 용기(용감한 행동)를 보여 주었으나, 말에 있어
    서는 지금의 논의에서 용기를 제대로 보여 주는 것(용기의 규정)에 실
    패했다는 이야기이다.

141 내가 이미 선생이 훌륭하게 말하는 걸 들었던 : 라케스와 달리 니키아스
    는 소크라테스와 이전에 대화를 나눈 적이 있다. 188a4와 188e5 참조.

142 여기 이분 : 니키아스를 가리킨다.

143 '두려워할 것들과 대담하게 할 수 있는 것들에 대한 앎' : 용기에 대한 니
    키아스의 정의이다. 즉 '용기란 두려워할 것들과 대담하게 할 수 있
    는 것들에 대한 앎'이다. 그리스어 'ta deina'를 '두려워할 것들'로 'ta
    tharralea'를 '대담하게 할 수 있는 것들'로 옮겼다.

144 방금 전에 : 192b5-193e5를 가리킨다.

145 그만큼만 : 즉, 건강하고 병든 상태에 대해서만.

146 이것에 대해 아는 것 : 죽는 게 더 나은지 사는 게 더 나은지에 대한 앎
    을 가리킨다.

147 두려워할 것들과 두려워하지 않을 것들에 대한 앎 : 194e11-195a1에서
    의 '두려워할 것들과 대담하게 할 수 있는 것들에 대한 앎'이라는 표
    현을 '두려워할 것들과 두려워하지 않을 것들에 대한 앎'으로 바꾸었
    다. 한편, 『프로타고라스』 360d에 '두려워할 것들과 두려워하지 않을
    것들에 대한 지혜'가 '용기'이고 '두려워할 것들과 두려워하지 않을 것
    들에 대한 무지'가 '비겁함'이라는 언급이 나온다.

148 그는 예언자들을 용감한 자들이라 부르는 것이오 : 역사적 인물로서 니
    키아스는 시켈리아 원정에서 아테네군을 이끄는 지휘자로 있었다.
    기원전 413년에 그는 예언자의 조언에 따라 아테네군의 철군을 유예
    시켰고(월식이 이 유예의 원인이었다), 이 유예는 아테네군이 패전하게

된 결정적인 원인이 되었다. '니키아스가 예언자들을 용감한 자와 동일시하고 있다'는 라케스(혹은 플라톤)의 이 언급은 그러한 (역사적) 니키아스의 행동에 대한 은근한 비아냥거림으로 보인다. 투퀴디데스의 『펠로폰네소스 전쟁사』 7.50 참조.

149 방금 전에 : 192b9-93d10에서의 문답을 가리킨다.

150 용기가 두려워할 것들과 대담하게 할 수 있는 것들에 대한 앎 : 194e11-195a1에서 언급된 용기에 대한 니키아스의 정의를 확인하고 있다.

151 바로 이 앎 : d1-2의 '두려워할 것들과 대담하게 할 수 있는 것들에 대한 앎'을 가리킨다.

152 '어떤 돼지나 다 알지' : 고전 주석가들에 따르면, 이 속담은 "개나 돼지도 그걸 알 수 있을 것이다"(kan kyōn kan hys gnoiē)이다. Emlyn-Jones(1996), 111쪽 참조. 돼지는 보통 무지의 상징으로 언급된다.

153 크롬뮈온의 돼지 : 흉포함으로 유명한 신화 속의 괴물로 테세우스에 의해 죽임을 당했다. 그것을 기른 노파의 이름을 따라 '파이아'(Phaia)라고 불렸다.

154 라마코스(Lamachos) : 라마코스는 415년 시켈리아 원정에서 니키아스, 알키비아데스와 함께 장군이었던 인물이다. 기원전 414년 쉬라쿠사 전투에서 죽었다. 투퀴디데스의 『펠론폰네소스 전쟁사』 6.101 참조.

155 아익소네 구민 : 아익소네(Aixōnē)는 아테네 남쪽 해안에 있는 구(區, dēmos)이다. 아익소네 구민들은 입이 걸걸하고 사나우며 남에게 욕지거리를 많이 하는 걸로 널리 알려져 있었다.

156 다몬 : 180d1와 주 33 참조.

157 프로디코스(Prodikos) : 케오스(Keōs) 출신의 소피스트이다. 언어의 의미를 세밀하게 구분하여 사용하는 것으로 유명했다. 『프로타고라스』 337a-c, 339e-341d 등에서 소크라테스의 대화 상대자로 등장한다. 『향연』 177b, 『테아이테토스』 151b, 『메논』 75e, 『에우튀데모스』 277e 등에서도 그 이름이 언급된다. 『크라튈로스』 384b에서는 이름(언어의 사용)을 주제로 다룬 프로디코스의 50드라크마짜리 강연을 듣지 못

하고 대신 1드라크마짜리 강연을 들었다는 소크라테스의 언급이 나온다.

158 선생이 직접 살펴보시오 : 196c6에서도 라케스는 소크라테스에게 논의를 떠넘기고 자신은 이 논의에 직접 참여하지 않으려는 태도를 보였다.

159 논의를 공유하는 것 : 196c10과 마찬가지로 여기에서도 소크라테스는 라케스를 이 논의의 동참자로 끌어들이고 있다.

160 논의의 시작에서 … 덕의 부분으로 여기고서 : 190c8-d1참조.

161 이것을 덕의 부분이라 여기고서 … 그것들 전체가 덕이라 불린다고 : 소크라테스와 라케스는 190d 이하에서 '용기가 무엇인지'에 대한 논의를 본격적으로 시작하면서, 그에 앞서 용기를 덕의 일부로서 받아들이는데(190c8-d1), 이 점에 대해 별다른 언급 없이 바로 다음의 논의를 진행한다. 마찬가지로 여기에서도 대화 진행자, 즉 소크라테스, 라케스, 니키아스는 모두, 용기는 덕의 일부이고, 덕의 다른 부분인 절제, 정의, 용기 등을 모두 합쳐 그것 전체를 하나의 덕으로 부른다는 점에 동의를 하고, 이 점에 대한 특별한 논의 없이 다음의 논의를 진행한다. 그러나 플라톤의 다른 대화편『프로타고라스』에서 소크라테스는 정의, 용기, 분별 등이 덕의 부분이라는 것과는 다른 입장을 보여준다. 그리고 이에 관련한 논의도『라케스』에서와 달리 매우 적극적이고 세밀하다.『프로타고라스』에서는 정의, 분별, 경건, 용기, 지혜가 모두 덕의 부분들이며, 이것이 금의 부분들처럼 서로 유사한 것이 아니라 얼굴의 부분들처럼 서로 다른 독립적 기능을 가진 부분들이라는 프로타고라스의 주장에 대한 반박으로, 소크라테스는 개별 덕들의 유사성 혹은 동일성을 주장하는 긴 논증들을 펴고 있다. (이에 대해서는『프로타고라스』329c-338e 참조할 것) 덕의 단일성 문제는『프로타고라스』의 주요 주제이다.

162 두려움은 장차 있게 될 나쁜 것에 대한 예상 :『프로타고라스』358d에서도 '두려움이란 나쁜 것에 대한 예상(prosdokia)'이라는 구절이 나

온다.

163 이것들 : 두려워할 것들과 대담하게 할 수 있는 것들.

164 세 번째 것 : 앞서 198a~c에서 소크라테스와 니키아스는 두 가지 것에 동의했다. 첫 번째 것은 '용기가 덕의 부분'이라는 점이고, 두 번째 것은 '두려워 할 것들이란 장차 있게 될 나쁜 것들이고 대담하게 할 수 있는 것들이란 장차 있게 될 좋은 것들'이라는 점이다.

165 여기 이분 : 라케스를 가리킨다.

166 장군의 지휘술 : 주 58을 참조할 것.

167 장군의 지휘술은 … 예언술을 섬겨야 … 아니라 예언술을 지배해야 한다 : 니키아스는 196a에서 '예언자는 전쟁에서의 승리와 패배에 관해 앞으로 일어날 일에 대한 징표만 알 뿐, 일을 겪는 것이 좋을지 나쁠지 판정하는 당사자는 아니다'라고 말한다. 그러나 역사상 실존 인물로서의 니키아스는 시켈리아 원정에서 기원전 413년 8월 27일 있었던 월식 때문에 예언자의 조언에 따라 철군을 27일이나 미루었고, 이로 인해 아테네군은 패배를 맞이했다(투퀴디데스 『펠로폰네소스 전쟁사』 7.50, 주 148 참조). 역사상 니키아스의 실제 행동과 『라케스』에서의 니키아스의 태도 간의 이러한 대비는 또한 니키아스의 행동과 말의 대비이기도 하다. 이 대화편에서 역사상 니키아스의 실제 행동이 직접 언급되지는 않지만, 지금의 이런 언급들은(198e2~a4) 니키아스의 말과 행동의 불일치에 대한 소크라테스(혹은 플라톤)의 지적으로 여겨진다.

168 선생님께서 주장하시듯이 : 194e11~195a1과 196d1~2 참조.

169 우린 동의하였습니다 : 198b~c에서 소크라테스와 니키아스는 '장차 있게 될 나쁜 것들은 두려워할 것들인 반면 장차 있게 될 나쁘지 않거나 좋은 것들은 대담하게 할 수 있는 것들'이라는 점에 동의하였다.

170 그 어떤 시점에 있는 일들에 대해서도 전문지식이 있기 : 용기는 (좋은 것들과 나쁜 것들에 관해) 미래의 일들에 대해서만 전문지식이 있는 게 아니라 미래, 현재, 과거, 모든 시간에 걸쳐 있는 일들에 대해 전문지식이 있다는 이야기이다.

171 그러한 사람 : 용기를 가진 사람을 가리킨다.

172 용기를 덕의 부분들 가운데 하나라고 주장하고 있었습니다 : 190c8−d1과 198a1−9 참조.

173 방금 : 193d9−10을 가리킨다.

174 당신은 정말 지혜롭기도 하군요 : 비아냥조로 하는 말이다.

175 내가 처음에 말했던 것처럼 : 181a7을 가리킨다.

176 니케라토스(Nikēratos) : 니키아스의 아들이다. 니키아스의 아버지, 즉 자신의 조부와 이름이 같다(주 11 참조). 404년 아테네 과두 정권 당시 30인 참주들에 의해 처형당했다. 『국가』 1권 327c에 그 이름이 언급된다.

177 나에게 다른 사람을 추천하고 : 이 예가 180c에 나온다. 니키아스는 소크라테스로부터 자신의 아들을 위한 음악 선생으로 다몬을 소개받았다고 말한다.

178 어떤 얘기도 밖으로 새어 나가지 않을 테니 : 어떤 얘기도 밖으로 새어 나가게 해서는 안 된다는 의미로 하는 말이다.

179 우리 자신을 위해 : 이게 비밀 유지를 해야 하는 이유이다. 교습은 일차적으로 그들의 아이들을 위한 게 아니고 그들 자신을 위한 것이다.

180 "염치는 곤궁한 사람에게 좋은 동반자가 아니다" : 『오뒷세이아』 17.347에 나오는 구절이다. 『카르미데스(Charmides)』 161a에서도 같은 구절이 인용된다.

작품 안내

I. 『라케스』 안내

1. 『라케스』 들어가기

『라케스』를 읽는 즐거움은 특히 두 가지에 집중된다. 하나는 '용기란 무엇인가'를 주제로 펼쳐지는 소위 소크라테스식 대화와 문답을 따라가며 이 주제에 대한 철학적 탐구에 빠지는 것이고, 다른 하나는 '용기란 무엇인가'라는 주제에 더없이 걸맞은 인물인 당대 아테네의 유명한 두 장군과 소크라테스의 대화가 배치되어 있는 드라마적 장치와 구조의 박진감을 읽는 것이다. 전자의 논의는 주로 이 대화편 중반 이후에 집중적으로 전개되고 있다. '용기'의 본성을 두고 두 명의 장군이 전혀 다른 관점에서 정의를 시도하지만 각각의 시도는 소크라테스와의 문답을 통해 모두 용기에 대한 적절치 못한 설명으로 판명이 난다. 플라톤의 소위 초기의 여러 다른 대화편들이 그러하듯 대화는 아포리아(탐구된 문제에 대해 해답을 찾지 못한 상태)로 끝나고 '용기'가 무엇인지에 대해 새롭게 생각해 보라고 우리에게 제안한다. 후자의 사항, 곧 드라마적 장치는 주제와 관련하여 대화편 전반에 걸쳐 세밀하게 짜여져 있다. 물론 플라톤의 많은 대화편들이 철학적 탐구의 여정을 일정한 드라마적 형식에 실어 전개해 나간다. 『라케스』 역시 그런 구조를 갖추고 있는데, 등장하는 대화자들이 모두 역사상 실존 인물이라는 것이 특징적이다. 그냥 역사상 실존 인물을 대화자로 등장시킨 것이 아니라, 이 인물들을 둘러싼 대화편 밖에서의 역사적 사실과 평가가 이 대화편에서 구현되고 있는 인물의 특성을 더욱 배가시켜 주고 있다. 대화편 밖에서 인물들이 처했던 역사적 상황과 그들의 행위가 대화편 안에서 대화자들의 발언이 지닌 힘에 영향력을 행사하고 있기 때문이다. 게다가 그것이 다시 이 대화편 내 논의의 타당성에도 영향을 미치는 구조를 갖고 있다.

전통적으로 『라케스』는 『에우튀프론』, 『카르미데스』, 『뤼시스』 등과 함께 소위 플라톤의 초기 대화편으로 분류되는 대표적인 작품이다. 'X는 무엇인가'라는 방식으로 개별적인 덕들에 대한 정의 시도가 이루어진다든지, 해당 주제에 관해 대화 상대자와 소크라테스가 문답을 나눈 끝에 논의가 표면상으로는 아포리아로 끝나고 대화자 모두가 자신의 무지를 깨달아 새로운 탐구를 다짐하는 모습을 보인다든지, 소위 중기 이후 출현하는 플라톤식 용어들이 아직 나타나지 않는다든지 하는 이유들 때문이다. 그러나 물론 최근의 연구들은 플라톤의 대화편 중 후기의 몇 작품을 빼고는 대화편의 저작 시기를 확정할 수 없다는 쪽으로 진행되고 있고, 『라케스』 역시, 전술된 대화편들에 대한 내적 기준을 적용시키거나 외적인 증거들을 찾아보더라도 다른 작품과의 상대적 선후 관계를 단정할 수 있는 확증적 단서가 없는 것으로 이야기된다. 하지만 대부분의 경우, 『라케스』가 비교적 이른 시기의 저작 중 하나라는 데는 별 이견 없이 공유되는 것 같다. 『라케스』가 소위 초기로 분류되는 대화편들과 전술된 면들을 모두 공유하면서, 소크라테스식 문답의 전형을 보여 주기 때문이다.

그런데 다른 한편 『라케스』에는 드라마적 구조상 소위 초기의 다른 작품들과 구별되는 몇 가지 특징이 있다. 하나는 대부분의 초기 대화편은 주인공 격인 소크라테스와 대화 상대자의 격론이 펼쳐지는 데 반해, 『라케스』는 대화의 대결 구도가 소크라테스와 소크라테스의 대화 상대자 간에 이루어지는 것이 아니라 라케스와 니키아스라는 두 명의 대화 참여자 간에 이루어진다는 점이다. 물론 소위 소크라테스적 논박은 소크라테스와 라케스, 소크라테스와 니키아스 간에 진행되고 있긴 하지만, 작품의 전체적인 구조는 라케스와 니키아스의 의견의 대립 내지 대조로 진행되고 있다. 이 두 인물 간의 대립은 '용기'의 두 측면을 상징하면서 인물의 성격적 특징이 곧 '용기'의 두 가지 특성을 구현한다.

다른 대화편과 구별되는 또 하나의 특징은 이 대화편의 주제가 '용기란 무엇인가'이긴 하지만, 이 주제에 대한 본격적인 문답형의 논의가 대화편 절반 이후에서야 비로소 본격적으로 진행된다는 점이다. 대화편의 전반부는 내용상 이 주제에 진입하기까지의 예비적 논의와 같은 인상을 주는데, 그 분량이 전체의 절반이나 되기 때문에 예비적 부분이라기에는 전체에서 차지하는 분량이 너무 많다. 이 절반 앞부분, 즉 전반부는 철학적 논의보다 두 장군의 성격이 발현되는 상황을 묘사하는 데 집중되고 있으며, 대화의 배경 등을 설명하는 드라마적 장치가 더욱 두드러진다. 전반부의 다소 장황스러운 이러한 진행은, 본격적 철학 논의는 빠져 있지만, 용기의 양 측면을 드러내는 데 분명 일정한 역할을 담당한다.

물론 『라케스』는 전술한 특징 말고도 재미있는 읽을거리들이 많다. 짧은 대화편이지만 우리에게 철학적 논변의 구조와 타당성, 드라마적 박진감, 해당 주제에 대한 다른 대화편들과의 비교 및 검토 등 넘치는 생각거리들을 제공한다. 이 「작품 안내」가 그 넘치는 생각거리를 다 담아내지 못하지만, 이 글이 더 깊은 사유를 진행할 훌륭한 독자들에게 길잡이 정도의 노릇을 할 수 있기를 바란다.

2. 대화의 장면 설정과 대화의 배경

『라케스』는 대화자들이 중무장 전투술 시범을 보고 나온 장면
에서 시작된다. 칠십 즈음의 뤼시마코스와 그의 친구 멜레시아
스는 아테네의 유명한 장군 라케스와 니키아스에게 이 중무장
전투술 시범을 함께 구경 가자고 요청했던 터였다. 라케스와 니
키아스는 둘 다 펠로폰네소스 전쟁에서 중요한 역할을 담당했
던 아테네의 장군들이다. 지금 함께 있는 사람들은 이들뿐만 아
니라 뤼시마코스의 아들인 아리스테이데스와 멜레시아스의 아
들인 투퀴디데스이며, 그리고 소크라테스도 이 자리를 함께하
고 있다. 뤼시마코스와 멜레시아스가 이 두 장군에게 중무장 전
투술 시범을 함께 보러 가자고 요청했던 까닭은 지금 동석해 있
는 자신들의 아들들, 즉 아리스테이데스와 투퀴디데스에게 중무
장 전투술을 배우게 하는 것이 좋을지에 대한 조언을 구하기 위
해서이다. 더 나아가 뤼시마코스는 두 장군에게 이 젊은이들이
배울 만한 다른 좋은 배울 거리가 있다면 그것도 추천해 달라고
요청한다. 뤼시마코스와 멜레시아스가 조언을 구하고자 하는 교
육의 대상, 즉 그들의 아들들은 아테네의 유명한 정치가였던 조
부들의 이름을 물려받았다. 이들의 조부들에 대해 말하자면, 아

테네의 저 유명한 정치가들인 아리스테이데스와 투퀴디데스(역사가 투퀴디데스는 아니고 정치가 투퀴디데스)이다. '정의로운 자'라는 명성을 갖고 있는 아테네의 대정치가 아리스테이데스는 페르시아 전쟁 때 장군으로 활동했고 아테네의 집정관을 지냈으며 페르시아 전쟁이 끝난 후에는 동맹국들 간의 델로스 동맹을 이끈, 아테네 사람들로부터 자주 그 훌륭한 면모로 칭송받는 인물이다. 페리클레스의 반대 정파인 귀족파의 지도자 투퀴디데스 역시 당대의 뛰어난 정치가로, 전성기를 누리던 페리클레스에 맞선 주요 정적으로 꼽히는 인물이다. 지금 뤼시마코스와 멜레시아스가 자신의 삶과 자신의 아버지들에 대해 한탄하는 바는 자신의 아버지들이 아테네의 대정치가로서 나라 안팎으로 공적인 일에서는 대단한 명망을 쌓았지만 정작 자식인 자신들에 대한 교육은 소홀히 하여 자신들이 이렇게 노인이 될 때까지 별 특별한 궤적 없이 지내 왔다는 사실이다. 그래서 자신들의 선친들의 명망 있는 이름을 물려받은 자신들의 자식들은 누구보다 교육을 잘 시켜 자신들의 전철을 밟지 않도록 하고 싶은 것이 이들의 바람이다. 이에 뤼시마코스와 멜레시아스는 누군가가 젊은이들을 위한 배울 거리로 추천해 준 '중무장 전투술'을 대상으로 당대의 유명한 두 장군에게 이것의 교육적 가치에 대한 조언을 구한다.

대화는 이내 라케스와 니키아스의 권유로 소크라테스가 참여하며 이어진다. 소크라테스는 대화 참가자들 중 나이가 가장 적지만 라케스와 니키아스의 찬사와 존경을 받으며 교육에 대한 조언자로 추천을 받는다. 그런데 라케스와 니키아스로부터 소크라테스가 추천받는 까닭은 각기 다르다. 니키아스는 이미 소크라테스에게서 자신의 아들을 위한 믿을 만한 선생, 다몬을 소개받아서이기 때문이고, 라케스는 델리온 전투에 소크라테스와 함께 참전하여 그 전투에서 소크라테스의 용맹함을 직접 목격하였기 때문이다. 각기 다른 이유이긴 하지만 이들이 보기에 소크라테스는 중무장 전투술의 교육적 가치에 대한 조언을 주기에 더없이 적합한 인물이었다. 뤼시마코스는 소크라테스의 선친인 소프로니스코스가 생전에 자신과 아주 가까운 친구였던 데다가 마침 자신들의 자식들이 종종 소크라테스의 이름을 언급하며 화제로 삼았던 것이 기억나던 터라 소크라테스를 조언자로 추천받은 것을 즐거이 받아들인다.

애초에 대화는 중무장 전투술이 젊은이들에게 배우게 할 만한 가치가 있는 것이냐를 주제로 시작되었지만, 이 주제는 대화 중반부로 가면서 중무장 전투술의 교육이 궁극적으로 지향하는 것이 무엇인가에 대한 검토로 이어지고, 그것은 결국 젊은이들의 영혼을 보살피는 것을 목적으로 한다는 논의로 귀결된다. 그리고 젊은이들을 훌륭하게 육성하기 위해서는 어떻게 젊은이들의 영혼에 덕을 있게 할 것인가가 검토되어야 하겠지만, 이를 위해 먼저 검토해야 할 대상은 '덕이란 도대체 무엇인지'에 대한 것이라는 데에 합의를 하게 된다. 덕이 무엇인지 알아야 그것을 영혼에 있게 할 수도 있을 것이기 때문이다. 그리고 애초 논의의 출발점이었던 중무장 전투술이 관계하는 덕으로서 용기라는 덕목을 검토의 대상으로 채택하게 된다.

3. 라케스와 니키아스의 대립 구조

대화편 내에서 라케스라는 인물은 직선적이고 단순하며 감정적인 사람으로 특징화된다. 또한 말보다는 행동에 우선적 가치를 두는 사람이다. 초반 '중무장 전투술'에 대해 가치를 절하하는 묘사(182d-184c)나 경험에서 우러나온 소크라테스에 대한 진심 어린 찬사(181a-b), 그리고 후반부에 그가 주장하는 용기의 본성, 즉 '용기란 대오를 지키면서 도망치지 않고 싸우는 것'(190e)과 '용기란 영혼의 인내'(192b-c)와 같은 표현 등에서 라케스라는 인물이 이론적이고 논리적인 사고보다 경험과 행동에 가치 평가의 우선순위를 두는 사람을 상징한다는 걸 읽을 수 있다. 라케스라는 역사상 실존 인물이 그러한 모습을 그대로 구현한 사람인데, 『펠로폰네소스 전쟁사』에 기록된 바에 따르면 라케스는 군인으로서 그 삶을 다한 사람이다.

반면 대화편 내에서 니키아스는 말 하나하나가 신중하며 논의 전개도 상대적으로 논리 정연한 인물로 나타난다. 이미 소크라테스의 대화 방식에 익숙하며(188a), 소피스트들과의 교류를 통해 언어의 사용에 신중을 기할 줄 안다(197d). 그가 내린 용기의 정의, 곧 '용기란 두려워할 것과 대담하게 할 수 있는 것들에 대한 앎'(194e-195a)이라는 정의도 용기에 대한 이 인물의 주지주의적인 성격을 읽게 한다. 대화편 밖에서의 역사상 실존 인물 니키아스는 펠로폰네소스 전쟁 당시 정치가이면서 장군으로서 유명했던 인물이다. 이 대화편과 관련하여 특히 주목받는 역사적 사실은, 대화편 내에서 직접 언급되고 있진 않지만, 훗날 니키아스가 예언자의 조언에 따라 아테네군의 철군을 유예시켜 아테네군의 패배를 초래했던 사항이다. 대화편 내에서 니키아스는 '예언자는 앞으로 일어날 일들에 대한 징표만 아는 자이지 무엇을 겪거나 겪을지 판단하는 자가 아니다'(195e-196a)라고 말한다. 하지만 역사상 실재 인물로서 니키아스는 대화편 내의 이 발언과 배치되는 행동을 한다. 니키아스는 시켈리아 원정에서 기원전 413년 8월 27일 있었던 월식 때문에 예언자의 조언에 따라 철군을 27일이나 미루었고, 이것은 아테네군에게 패배를 가져다 주었다.(투퀴디데스 『펠로폰네소스 전쟁사』 7.50) 이 대화편이 쓰이고 독자들에게 읽혔을 시간적 간격을 고려하면(플라톤은 『라케스』의 대화 설정 시기인 기원전 423~418년 사이에 아직 유아기였다), 이 대화편의 독자는 이미 니키아스의 패배와 죽음, 그리고 그와 관련된 아테네의 정황을 잘 알고 있었을 것이라고 우리는 짐작할 수 있다. 니키아스와 관련하여 일어난 역사적 사실을 이미 알고 있는『라케스』의 독자는 지금 읽고 있는『라케스』에서 니키아스의 발언이 지니는 무게를 평가할 수 있다. 대화편 밖의 역사적 사실과 대화편 안의 설정 내용이 연계성을 갖는 구조를 갖고 있다고 할 수 있다. 대화편 안에서의 니키아스의 명석한 언어 사용은 역사적 니키아스의 행동과 일치하지 않는다. 그래서『라케스』의 소크라테스는 '장군의 지휘술은 예언술을 섬길 것이 아니라 예언술을 지배해야 하며'(198e), '그래서 법은 예언자가 장군을 지배하지 말고 장군이 예언자를 지배하도록 규정하고 있다'(199a)고까지 발언한다.

라케스는 '행동'이 중요한 사람이고, 니키아스는 '이론'에 밝은 사람이다. 라케스는 '사고'와 '말'이 모자란 사람이고, 니키아스는 '행동'이 말을 따르지 못하는 사람이다. 주석가들은 보통 라케스라는 인물과 니키아스라는 인물의 이런 대조를 두고 전자는 주의주의적이고 행동과 실천을 중시하며 용기의 비인지적인 측면을 상징한다고 평가하는 반면, 니키아스는 주지주의적이고 사고와 말을 중시하며 용기의 인지적인 측면을 상징한다고 평가한다.

4. 용기의 본성에 대한 논의

대화편 중반 이후부터 논의되기 시작하는 주제인 '용기란 무엇인가'에 대한 논의는 전술한 바와 같이 이 물음에 대해 라케스와 니키아스가 각각 용기에 대해 정의하는 것으로 진행된다. 그런데 특이한 점은 대화자 모두가 용기를 덕의 부분으로 상정한 채 논의를 진행한다는 점이다. 플라톤의 다른 대화편『프로타고라스』에서 정의, 경건, 지혜, 용기와 같은 개별 덕들이 덕의 부분인지 여부를 두고 프로타고라스와 소크라테스가 매우 면밀하고 무게 있게 논의를 진행한 것에 비해(『프로타고라스』 329d이하, 소위 '덕의 단일성' 논의)『라케스』에서는 이 사항에 대해 지나치게 부주의하게 혹은 가볍게 지나가고 있다는 인상을 준다. 하지만『라케스』의 소크라테스가(혹은 플라톤이) 실제로 용기를 덕의 부분으로 여기고 있는지, 그리고 소크라테스의 진의가 무엇인지에 관해서는 학자들 사이에 평가가 갈린다.『라케스』에서는 분명 소크라테스의 제안 아래 용기가 덕의 부분으로 상정되고 이에 대해 진지한 논의 없이 모두의 동의가 즉각적으로 이루어진다. 아니, 더 정확하게 말하자면 소크라테스가 대화 상대자의 동의를 끌어냈다기보다는 이미 상정되어 있는 사실을 확인하는 수준이다. '용기가 덕의 부분이다'라는 것이 통상적인 수준에서 받아들일 만한 사항이어서 그렇게 상정되고 논의가 진행된 것인지 그리고 소크라테스도 그런 수준에서 진심으로 그렇게 생각하고 있는 것인지, 아니면 소크라테스의 진의는 사실 그렇지 않으나 그것을 일단 전제한다고 했을 때 나오게 되는 아포리아적 결론을 염두에 두고 소크라테스가 이 상정을 의도적으로 둔 것인지, 대화편 내 표면적으로 나타나는 맥락에서는 이 사항을 결정하기가 어렵다. 그런데 분명 『프로타고라스』에서 개별 덕들이 덕의 부분이라고 주장하는 프로타고라스에 대해 보다 적극적으로 반대 논변을 펼치는 소크라테스의 주장과 비교할 때 『라케스』에서의 이 부주의함은 상당히 의아한 부분이다. 하지만 용기를 덕의 부분으로 두는 것을 먼저 상정하고 동의를 끌어낸 것이 소크라테스였음을 기억해 둘 필요가 있다. 이 상정이 소크라테스 자신의 의견인지, 아니면 소크라테스 자신의 진의는 숨겨 둔 채 이루어진 상정인지, 만약 그렇다고 한다면 그의 의도가 무엇인지를 추적해 볼 필요가 있겠다.

또 한 가지 주목해야 하는 부분은 『프로타고라스』 후반부 (358d-360e)에서 이루어지는 용기와 지혜의 동일성 논증에서 소크라테스에 의해 주장되는 사항들이 『라케스』에서는 소크라테스에 의해 논박되는 인상을 준다는 점이다. 『프로타고라스』에서는 '개별 덕들이 사실은 동일한 것'(덕의 단일성)이라거나 '덕이 곧 앎'(지덕합일)이라는 소위 소크라테스의 역설이라는 입장을 보여 주는데, 『라케스』에서는 다시 각 덕목(『라케스』에서는 '용기')이

가지는 특성을 어떻게 자리매김할 것인지를 문제 삼고 있다. 플라톤 중기 이후의 대화편에서는 흔히 말하는 덕과 지의 합일에 대한 여러 가지 설명이 시도되는데(특히 『파이돈』 68-69, 『메논』 88a-89a, 『국가』 4권), 『라케스』에서도 '용기를 일종의 지혜'로 본다든지, '용기란 모든 좋은 것과 나쁜 것에 대한 앎'으로 본다든지 하는 측면이 지덕합일에 대한 사유의 면모를 보여 준다. 그러나 특기할 만한 점은 『라케스』에서는 이런 생각을 담지하고 있는 사람이 소크라테스가 아닌 니키아스 쪽이고(그리고 플라톤은 니키아스가 어떤 소피스트적인 면모가 있음을 암시한다(197d)), 소크라테스 자신은 이러한 의견에 문제를 제기하는 입장에 서 있다는 점이다. 즉, '용기' 혹은 '덕'을 '앎', '지혜'와 동일화하는 쪽으로 가는 방향에 대해 어떤 문제를 제기한다. 하지만 용기의 본성에서 '앎'의 측면이 배제되어야 함을 주장하는 것도 물론 아니다. 다만 용기의 본성을 설명하는 데 있어 '앎'의 측면이 반드시 필요하지만 그것만으로는 충분하지 않다는 문제 제기가 이루어지고 있다. 반대로 라케스와의 논변에서는 '앎'이나 '지혜'의 측면이 배제된 채, '인내'를 강조하는 것만으로는 용기의 본성을 보여 주는 데 충분하지 않다는 것을 보여 준다. 그런데 『라케스』의 드라마적 구조가 전체적으로 라케스와 니키아스의 성향을 대립시키는 데 집중되어 있기 때문에 용기의 본성에서 '앎'이나 '지혜'의 측면이 보다 본질적이라는 인상을 주지도 않는다. 대화는 그저 용기를 앎 혹은 지혜로 보았을 때의 난점을 드러내는 것으로 끝을 맺고 있을 뿐이다.

이제 역자의 부족한 소양에 기반한 길 안내는 여기서 줄일까한다. 이상의 이야깃거리들을 더 깊이 풀어 나가는 것은 더 지혜롭고 더 용감한 독자의 몫이다.

Ⅱ. 작품의 줄거리

『라케스』는 크게 두 부분으로 구성되어 있다. 내용상으로도 두 부분이지만, 분량상으로도 전반부와 후반부가 각각 대화편 전체의 절반씩을 차지하고 있다. 전반부(178a-190c)는 중무장 전투술의 교육적 가치를 검토하는 것에서 시작해서, 이 교육의 목적이 영혼의 보살핌에 있으며 영혼이 갖추어야 할 덕의 본성을 검토할 필요성이 있음을 확인하는 것으로 이어진다. 후반부(190c-201c)에서는 본격적으로 덕의 부분으로서 '용기'가 무엇인지를 검토하는 문답이 진행된다. 두 대화 상대자 니키아스와 라케스의 용기에 대한 정의가 소크라테스의 논박을 통해 모두 용기의 본성에 대한 설명으로 적합하지 않음이 판명되고 대화자들은 다시 새로운 탐구를 기약하며 헤어진다.

1. 교육의 문제(178a-190c)

『라케스』의 전체적인 주제가 '용기란 무엇인가'이긴 하지만 대화편 전체 분량의 절반에 이르기까지 이 주제가 표면적으로 드러나진 않는다. 대화는 처음 중무장 전투술의 교육적 가치를 논하는 데에 집중되어, 중무장 전투술에 대한 니키아스와 라케스의 상반된 평가가 진지하게 이루어진다. 하지만 소크라테스의 개입으로 젊은이들에 대한 교육의 궁극적인 목적에 대해 재고하게 되고, 교육은 젊은이들의 영혼을 위해 실시하는 것이라는 논의로 이어진다. 이에 관한 조언은 다수의 의견에 의거할 것이 아니라 영혼의 보살핌에 대한 전문가의 의견에 의거해야 한다는 소크라테스의 제안과 함께, 영혼이 갖춰야 하는 덕의 본성에 대한 검토 필요성이 요청된다.

1) 중무장 전투술의 교육적 가치(178a-184c)

(1) 도입부: 중무장 전투술에 대한 조언 요청(178a-181d)

아테네의 유명한 두 장군 니키아스와 라케스와 함께 중무장 전투술 시범을 보고 나온 뤼시마코스는 친구 멜레시아스와 함께 니키아스와 라케스에게 이 중무장 전투술을 배우는 것이 젊은이들에게 좋을지 여부에 대한 조언을 구한다. 뤼시마코스와 멜레시아스의 관심사는 지금 자리를 함께하고 있는 그들의 아들들에게 어떤 교육을 시키는 것이 좋을지에 관한 것이다. 뤼시마코스와 멜레시아스는 각자 자기의 유명한 아버지들의 명성에 비해 지극히 평범한 삶을 살아가고 있다. 이는 자신들의 유명한 아버지들이 나라의 일과 공적인 일에는 바빴으나 정작 자식인 자신들의 교육에는 소홀했기 때문이라며 뤼시마코스는 이러한 상황에 대한 아쉬움을 토로한다. 그는 이러한 일이 자신들의 자식들에게는 반복되지 않기를 바라는 마음에서 유명한 조부의 이름을 물려받은 자신들의 아들 아리스테이데스와 투퀴디데스의 교육에 마음을 쏟고자 조언을 구하고 있다고 고백한다. 뤼시마코스의 요청에 니키아스와 라케스는 함께 논의하겠다고 흔쾌히 답하는 한편, 동석하고 있는 소크라테스가 젊은이들의 교육을 위한 조언자로 더없이 적합한 사람이라며 적극 추천한다. 특히 니키아스는 소크라테스가 이미 자신의 아들을 위한 음악 선생으로 다몬을 소개해 주었으며 이 다몬은 젊은이들이 교제하기에 훌륭한 사람이라고 말한다. 마침 뤼시마코스는 소크라테스의 아버지가 생전에 자신과 친했던 소프로니스코스라는 것을 상기하는 한편, 소크라테스가 자신의 아들들이 평소 그 이름을 자주 언급했던 사람이라는 것을 확인한다. 한편 라케스는 소크라테스를 추천하는 이유로, 델리온 전투에 참가하고 있었을 때, 퇴각 시 그가 직접 목격한 소크라테스의 행동 때문이라고 말하면서, 전투 상황에서 보여 준 소크라테스의 용맹스러운 모습을 극찬한다.

니키아스와 라케스의 추천에 따라 뤼시마코스는 자신과 소크라테스 집안 간의 친교를 기뻐하며, 소크라테스에게 중무장 전투술이 젊은이들에게 배울 거리로서 적절한지에 대해 조언해 달라고 요청한다. 소크라테스는 자신이 최선을 다해 이 문제에 대해 조언을 하긴 하겠지만 자신보다 나이와 경험이 많은 니키아스와 라케스의 의견을 먼저 듣는 것이 좋겠다고 제안한다.

(2) 중무장 전투술의 가치에 대한 니키아스의 견해(181d–182d)

소크라테스의 제안에 먼저 니키아스가 중무장 전투술의 교육적 가치에 대한 자신의 견해를 밝힌다. 니키아스가 보기에 중무장 전투술은 젊은이들에게 유용한 배울 거리이다. 니키아스는 자신이 그렇게 생각하는 까닭을 다음과 같이 열거한다. 첫째, 그것은 젊은이들의 신체 단련을 위해 유용하다. 둘째, 중무장 전투술은 기마술과 함께 특히 자유인에게 어울리는 배울 거리이다. 셋째, 중무장 전투술은 실제 전투에서 대형 안에서 싸우는 상황에서나 일대일로 맞붙는 상황에서나 모두 크게 도움이 된다. 넷째, 중무장 전투술은 또 다른 훌륭한 배울 거리인 전법과 장군의 지휘술로 나아가는 출발점이 된다. 다섯째, 이것을 익힌 사람은 전장에서 전보다 더욱 대담하고 용감하게 된다. 이런 이유들 때문에 중무장 전투술은 젊은이들에게 가르칠 만한 충분한 가치가 있다고 니키아스는 말한다.

(3) 중무장 전투술의 가치에 대한 라케스의 견해(182d-184c)

중무장 전투술에 대한 라케스의 견해는 니키아스와 다르다. 라케스가 보기에 중무장 전투술은 배울 가치가 없다. 라케스가 그렇게 생각하는 이유는 다음과 같다. 첫째, 전쟁과 관련한 사항에 있어서라면 그리스에서 가장 높은 수위의 관심을 보이는 라케다이몬(스파르타) 사람들이 정작 이 배울 거리에 대해서는 알지 못한다. 둘째, 중무장 전투술이 전투 기술로서 가치 있는 것이라면, 비극 작가가 자신의 작품을 아테네에서 공연하고 영예를 얻듯, 중무장 전투술을 익힌 사람들도 라케다이몬(스파르타)에서 시범을 보이고 영예를 얻어야 할 터인데 이들은 오히려 라케다이몬(스파르타)을 기피한다. 셋째, 모든 기술 분야에는 그 분야에서 각각 이름난 사람들이 있기 마련인데, 중무장 전투술을 익힌 사람들 중에서는 실제 전투에서 이름을 떨친 사람이 없다. 넷째, 중무장 전투술 시범을 보인 스테실레오스를 라케스 자신이 직접 실제 전투 현장에서 목격하였는데 거기에서 그가 보여준 행위는 우스꽝스럽기 그지없었다. 라케스는 이러한 이유들을 근거로 중무장 전투술이 배울 만한 가치가 없는 것이라고 말하면서, 만일 비겁한 자가 중무장 전투술을 익힐 경우에는 무모해지기 쉬운 한편, 용감한 자의 경우에는 그것을 익혀 작은 실수라도 저지르게 되면 비방을 받기 쉽다고 지적한다. 라케스는 중무장 전투술에 대한 견해를 이렇게 밝히고 다시 뤼시마코스에게 이 문제에 대한 조언을 소크라테스에게 요청할 것을 제안한다.

2) 교육은 영혼을 위한 것이다(184c-190c)

(1) 소크라테스의 첫 번째 제안: 영혼의 보살핌에 관한 전문가를 찾아야 한다(184c-187b)

뤼시마코스는 소크라테스에게 중무장 전투술에 대한 니키아스와 라케스의 의견이 정반대이니 판정을 위해 소크라테스가 누구에게 표를 던질지 의견을 듣는 것이 좋겠다고 말한다. 소크라테스는 훌륭한 판단은 다수가 아닌 앎에 의거해야 함을 환기시키면서 이 문제에 대한 조언 역시 다수가 아닌 이 문제에 관한 전문가의 의견을 따라야 한다고 제안한다. 그와 함께 우리가 그 교사를 찾고 있는 대상이, 즉 검토의 궁극적 대상이 사실 중무장 전투술이 아니라 이 배울 거리가 교육의 목적으로 삼는 젊은이들의 영혼이 되어야 함을 확인한다. 따라서 논의의 주제는 영혼의 보살핌에 관한 전문가를 찾아야 함으로 전환된다.

더 나아가 소크라테스는 우리 자신이 젊은이들의 영혼을 보살피는 데 조언할 자격이 있는지를 확인하려면, 첫째, 우리 자신에게 이 문제에 대한 교사가 있었으며, 그와 함께 그 교사 자신이 훌륭한 사람이었고 많은 젊은이들의 영혼을 보살폈으며 우리도 가르쳤음을 보여야 하거나, 둘째, 자신이 교사 없이 스스로 전문가가 된 것이라면 자신이 그런 전문가다운 면모를 지니고 있음을, 다시 말해 그가 다른 사람을 훌륭한 사람으로 만들었음을 보여야 한다고 말한다. 그리고 우리가 이 두 가지 중 어떤 경우에도 해당되지 않는다면 감히 동료들의 자제들을 걸고 모험을 하지 말 것을 권한다. 소크라테스는 자신에게는 이 문제에 관한 전문 지식도 없으며 교사도 없었기 때문에 조언자로 적임자가 아니라고 말하며, 뤼시마코스에게 니키아스와 라케스가 이 문제에 대한 교사를 두고 있었는지 아니면 그 스스로 전문가가 되었는지 알아보라고 제안한다.

(2) 막간: 소크라테스와의 문답 대화에 대한 니키아스와 라케스의 생각(187b-189d)

뤼시마코스는 소크라테스의 제안에 동의하며 니키아스와 라케스에게 소크라테스와 함께 질문과 설명(답변)을 주고받으며 논의를 진행할지에 대해 의견을 묻는다. 니키아스는 소크라테스와의 대화는 소크라테스에게 말로 이리저리 끌려다니다가 결국 자신의 지난 삶을 해명하는 상황에 이를 때까지 시험을 받게 된다는 점을 환기시키면서도 자신은 이러한 소크라테스와의 대화 방식에 익숙해 있고 또한 이런 식으로 자신의 삶을 검토받는 것이 나쁜 일이 아니라고 생각하니 소크라테스와의 문답을 흔쾌히 받아들인다고 말한다. 라케스는 자신은 어떤 사람이 덕이나 어떤 지혜에 관해 대화를 나누는 것을 들을 경우, 그 사람의 말이 행동과 일치한다면 논의를 좋아하는 사람이 되지만, 그렇지 않다면 논의를 싫어하는 사람이 된다고 말한다. 그런데 자신은 소크라테스의 말을 겪어 보진 않았으나 전투 현장에서 경험한 그의 용감한 행위로부터 그가 이런 말을 할 자격이 있다는 것을 알고 있으므로 소크라테스에게서 즐거이 검토를 받겠다고 말한다.

(3) 소크라테스의 두 번째 제안: 덕에 대한 검토 필요성(189d-190c)

소크라테스는 186a-187b에서 했던 제안, 곧 우리에게 교육을 위한 어떤 교사가 있었는지, 혹은 우리가 누구를 훌륭하게 만들었는지 우리 자신을 검토해 보는 것도 좋지만, 그보다 다음과 같은 좀 더 근원적인 문제를 먼저 검토해 보자고 제안한다. 우리가 젊은이를 훌륭하게 만들기 위해 젊은이의 영혼에 덕이 있게 할 수 있는 방법에 대해 조언하려면 무엇보다도 먼저 우리는 덕이 무엇인지를 알고 있어야 한다. 덕이 무엇인지를 알아야 그 다음으로 어떻게 그것을 잘 획득할 수 있는지에 대한 조언도 가능하기 때문이다. 따라서 우리가 조언자의 자격이 있으려면 우리는 먼저 덕이 무엇인지 알고 또한 말할 수 있어야 하므로, 덕의 본성에 대해 검토해보기로 한다.

2. 용기에 대한 정의 시도(190c-200a)

전반부의 논의 끝에서 덕에 대한 검토 필요성이 요청되었으나, 논의는 덕 전체가 아닌 덕의 부분으로서 용기에 대한 검토로 진행되게 된다. 용기에 대한 라케스의 정의에 대해 소크라테스의 반론이 이어지고 다시 라케스의 수정된 정의가 세워지지만 소크라테스의 논박으로 용기에 대한 라케스의 정의는 모두 용기의 본성을 설명하는 데 적절하지 않음이 밝혀진다. 이어 니키아스가 새롭게 용기에 대한 정의를 제시하지만 라케스의 반론과 소크라테스의 논박이 이어지고 니키아스의 정의 역시 용기에 대한 설명으로서 적절치 못한 것으로 귀결된다.

1) 예비적 논의: 덕의 부분으로서 용기를 고찰하기로 함(190c-e)

소크라테스는 덕 전체에 대한 검토는 너무 큰 일이 되므로 고찰의 편의를 위해 덕의 한 부분을 먼저 검토하자고 제안한다. 그리하여 중무장 전투술이 지향한다고 여겨지는 덕목, 즉 용기를 검토의 대상으로 채택하게 된다.

2) 용기에 대한 라케스의 정의와 소크라테스의 반론(190e-194b)

(1) 용기에 대한 라케스의 첫 번째 정의: 용기란 대오를 지키고 도망치지 않는 것이다 / 소크라테스의 반론(190e-192b)

소크라테스는 라케스에게 '용기가 무엇인지'에 대해 말해 보라고 요청한다. 이에 라케스는 '대오를 지키면서 적들을 막아 내고자 하고 도망치지 않는 사람이 용감한 사람'이라고 말한다. 소크라테스는 여러 가지 사례를 들며 적들과 싸우기는 하나 제자리를 지키지 않고 도망치며 싸우는 경우에도 용감한 경우가 있음을 지적한다. 또한 단지 전쟁의 상황에서만 용감한 사람이 있는 게 아니라 바다에서의 위험, 질병, 빈곤, 정치적 일, 고통이나 무서움, 욕구나 쾌락 등의 상황 속에서도 이에 맞서는 용감한 사람이 있음을 보여 주면서, 용기에 대한 라케스의 정의가 충분히 포괄적이지 못함을 지적한다. 따라서 '빠름'을 '짧은 시간에 많은 것을 해내는 힘'이라고 정의하듯, 용기에 대해서도, '모든 상황에서 동일하게 있는' '용기가 무엇인지'에 대해 말할 것을 요구한다.

(2) 용기에 대한 라케스의 두 번째 정의: 용기란 영혼의 인내이다 / 소크라테스의 반론(192b-194b)

소크라테스의 요구에 라케스는 '용기란 영혼의 어떤 인내'라고 다시 정의한다. 하지만 소크라테스는 용기에 대한 라케스의 두 번째 정의에도 여전히 문제가 있음을 지적한다. 모든 종류의 인내를 다 용기라 부를 수는 없기 때문이다. 소크라테스는 라케스와의 문답을 통해 다음과 같은 사항을 확인한다. 용기는 훌륭한 것들에 속하는데, 현명한 인내는 아름답고 훌륭한 반면 어리석은 인내는 해롭고 유해하다. 해롭고 유해한 것은 훌륭하지 않으므로 어리석은 인내는 용기가 아니며 훌륭한 것인 현명한 인내가 용기이다. 하지만 소크라테스는 '용기란 현명한 인내'라는 수정된 이 정의에 대해 다시 용기에 걸맞은 '현명함'의 성격에 대해 검토를 진행한다. 라케스는 '현명한 인내'의 사례를 찾는 데 혼란스러워하다가 오히려 앎을 갖고 인내하는 자가 앎 없이 인내하는 자보다 덜 용감하다고 말한다. 소크라테스는 어리석은 인내는 수치스럽고 해로운 것이라는 데 합의가 이루어졌음을 환기시키고 어리석은 인내가 용기라고 말하는 것은 앞의 논의와 모순됨을 확인시킨다. 용기에 대한 자신의 정의가 아포리아에 빠진 것을 확인하자 라케스는 용기의 본성을 설명하는 데 실패한 자기 자신에 대해 화를 낸다.

3) 용기에 대한 니키아스의 정의와 그에 대한 반론(194c–199e)

(1)(용기에 대한 니키아스의 정의: 용기란 두려워할 것들과 대담하게 할 수 있는 것들에 대한 앎이다(194c–195a)

소크라테스는 니키아스에게도 용기가 무엇인지에 대해 설명해 볼 것을 요청하자, 니키아스는 용감한 자가 훌륭하다면 또한 지혜롭다고 말한다. 소크라테스는 니키아스가 용기를 일종의 지혜라고 여긴다고 말하면서 그것이 어떤 종류의 지혜인지를 설명해 줄 것을 요청한다. 니키아스는 '용기란 두려워할 것과 대담하게 할 수 있는 것들에 대한 앎'이라고 정의한다.

(2) 라케스의 반론(195a-196b)

라케스는 용기는 지혜와 구별된다고 말하며, 각 기술 분야의 해당 장인들 역시 자신의 기술 영역에서 두려워할 것과 대담하게 할 수 있는 것들을 알고 있지만, 결코 그들을 용감하다고 부를 수는 없다며 니키아스의 의견에 반론을 제시한다. 니키아스는, 라케스가 제시하는 사례는 각 기술 분야의 해당 경우에만 한정적으로 적용될 뿐 삶과 죽음의 문제에서 두려워할 것들과 두려워하지 않을 것들에 대한 앎은 개별 기술 분야의 전문가가 아닌 용감한 자만이 갖고 있다고 반박한다. 니키아스의 반박에 라케스는 니키아스가 예언자를 용감한 자라고 부른다고 비아냥대지만 니키아스는 예언자는 앞으로 일어날 일들에 대한 징표들만 알 뿐이라고 말하자 라케스는 니키아스가 말도 안 되는 소리를 하고 있다며 비난한다.

(3) 소크라테스의 반론과 덕의 부분으로서의 용기에 대한 물음
(196c–199e)

감정이 격앙되어 있는 라케스에게 소크라테스는 계속해서 니키아스가 한 말의 타당성 여부를 같이 따져 보자고 요구하며, 소크라테스 자신이 공동 탐구의 대변자로서 니키아스에게 질문을 계속 던진다. 소크라테스는 용기가 두려워할 것들과 대담하게 할 수 있는 것들에 대한 앎이며 이 앎을 누구나 다 갖고 있는 것은 아니라는 니키아스의 주장을 확인하고, 니키아스에게 어떤 야수의 용기도 인정하지 않는다고 말하는 것인지를 묻는다. 라케스 역시 니키아스에게 모든 사람이 용감하다고 동의하는 야수들을 또한 지혜롭다고 말하는 것인지 아니면 그것들이 지혜롭지도 용감하지도 않다고 말하는 것인지를 물으며, 용기에 대한 니키아스 설명의 부조리함을 지적하고자 한다. 니키아스는 '용기'와 '미리 생각함'은 '무모함'과 '만용', '앞일을 생각하지 않는 겁없음'과 다르기 때문에, 야수들뿐만 아니라 생각이 없어 두려워할 것들을 무서워하지 않는 그 어떤 것도 용감하다 할 수 없으며, 오히려 그런 것들은 겁이 없고 아둔한 것이라고 해야 한다고 말한다. 니키아스의 대답에 화를 내는 라케스에게 소크라테스는 니키아스가 소피스트 중 이름의 구분에 평판이 높은 프로디코스와 친분이 있는 다몬과 교류하고 있음을 환기시키며 논의를 계속 진행할 것을 요청한다.

소크라테스는 니키아스에게 다시 질문을 시작하면서, 우선 대화자 모두가 용기를 덕의 부분으로 여기고 논의를 시작했음을 상기시킨다. 이어서 소크라테스는 니키아스와의 문답을 통해, 두려움을 주는 것들이 두려워할 것들이며 두려움을 주지 않는 것들이 대담하게 할 수 있는 것들인데, 두려움은 장차 있게 될 나쁜 것에 대한 예상이므로, 장차 있게 될 나쁜 것들이 두려워할 것들이며 장차 있게 될 나쁘지 않거나 좋은 것들이 대담하게 할 수 있는 것들이 된다는 사실을 통해, 니키아스의 주장은 결국 장차 있게 될 좋은 것들과 나쁜 것들에 대한 앎이 용기라고 말하는 셈이 됨을 확인한다. 다른 한편 소크라테스는 하나의 동일한 앎은 동일한 일에 대해서 그저 미래의 일이 아니라 과거, 현재, 미래, 전 시점의 일들에 대해 전문지식을 가지고 있는 것임을 말하고, 이 점에 대해 니키아스의 동의를 끌어낸다. 이제 용기가 두려워할 것들과 대담하게 할 수 있는 것들에 대한 앎이라고 한 니키아스의 처음의 주장은, 앞서 합의된 바와 같이 두려워할 것들과 대담하게 할 수 있는 것들이 장차 있게 될 좋은 것들과 장차 있게 될 나쁜 것들인 한, 하나의 앎은 동일한 일에 대해서 미래의 일뿐만 아니라 모든 시점에 일어나는 일에 대해서 전문지식이 있다는 점과 일치하지 않게 된다. 따라서 용기란 단지 두려워할 것들과 대담하게 할 수 있는 것들에 대한 앎이라고 할 수 없다는 귀결이 따라 나온다. 이는 용기란 그저 장차 있게 될 좋은 것들과 나쁜 것들에 대해서만 전문지식이 있는 것이 아니라 모든 시점에 있는 일들에 대해서 전문지식이 있는 것이기 때문이다. 따라서 용기가 두려워할 것들과 대담하게 할 수 있는 것들에 대한 앎이라는 니키아스의 처음의 정의는 용기의 삼분의 일에 대해서만 설명한 셈이며, 이제 니키아스가 동의한 것들을 모두 종합하면, 용기란 그저 두려워할 것들과 대담하게 할 수 있는 것들에 대한 앎이 아니라, '모든 시점에 있는 모든 좋은 것들과 나쁜 것들에 대한 앎'이라는 귀결이 따라 나오게 됨을 확인한다. 그런데 이러한 정의는 단지 덕의 부분으로서 용기에 대한 것이 아니라 전체로서 덕에 대한 정의이므로, 용기가 무엇인지를 찾아내는 데 실패한 셈이 된다.

3. 결론(199e-201c)

용기에 대한 라케스의 정의와 니키아스의 정의가 모두 적절하지 않은 것으로 판명나자 라케스는 뤼시마코스와 멜레시아스에게 젊은이들의 교육에 관해서는 자신과 니키아스가 아니라 소크라테스에게 조언을 구하는 것이 적절하다고 말한다. 니키아스 역시 라케스의 말에 동의하고 소크라테스에게 조언을 구할 것을 권유하자 뤼시마코스는 소크라테스에게 교육에 대한 조언을 요청한다. 그러나 소크라테스는 논의에서 모두가 똑같이 난관에 봉착했으며 자신 역시 이 문제에 관한 한 아는 자가 아니므로 그런 일들을 행할 자격이 없으니 우리 모두 우리 자신을 위해 훌륭한 선생님을 찾아야 한다고 말한다. 뤼시마코스는 자신이 가장 연장자인 만큼 가장 열정적으로 배우겠다고 말하며 오늘 모임은 끝내되 이 문제에 대해 숙고할 수 있도록 소크라테스에게 내일 일찍 자신의 집을 방문해 줄 것을 요청한다. 소크라테스는 그러겠노라 응답하고 대화는 끝이 난다.

III. 대화 설정 시기

대화편 초반에(181a7-b4) 라케스가 델리온(Delion) 전투에 참가했을 당시 목격한 소크라테스의 모습에 대해 진술하는 장면이 나온다. 라케스는 델리온 퇴각시에 보여 준 소크라테스의 용맹한 모습을 극찬하며 이때의 경험이 라케스가 소크라테스를 전적으로 신뢰하는 계기를 제공했음을 알려 준다. 라케스와 소크라테스의 델리온 전투 참가, 그리고 이 전투에서의 소크라테스의 침착함과 용감함에 대한 묘사는 다른 대화편 『향연』 220e-221b에서도 알키비아데스에 의해 생생하게 전달된다. 델리온 전투는 기원전 424년에 벌어진 전투이고, 이때 소크라테스는 나이가 45세 정도 되었을 무렵이다. 델리온 전투 이후 펠로폰네소스 전쟁은 니키아스의 중심적 역할을 통해 기원전 423년 1년간의 휴전 조약과 기원전 421년의 평화협정이 체결되어 일단락되었다. 이 평화협정은 나중에 '니키아스의 평화협정'이라고 불렸다. 투퀴디데스의 『펠로폰네소스 전쟁사』에는 라케스가 기원전 421년의 평화협정을 도운 것으로 기록되어 있으며, 삼 년 뒤인 기원전 418년 만티네아 전쟁에서 죽음을 맞이한 것으로 기술되어 있다. 그리고 니키아스는 기원전 413년 시켈리아 원정에서 그리스군의 철군에 실패, 그리스군의 패배를 초래한 후 적에게 처형당한다. 따라서 보통 학자들은 대화의 설정 연대를 델리온 전투가 있었던 기원전 424년 이후에서 라케스가 죽은 기원전 418년 사이로 추정하며, 더욱 좁히자면, 기원전 423년 이후 니키아스와 라케스의 노력으로 일시적으로 평화가 회복된 시기부터 기원전 418년 사이를 대화의 설정 시기로 잡고 있다. 표준적 연대 추정에서 소크라테스는 기원전 469/470년에 태어난 것으로, 니키아스는 대략 470년에 태어난 것으로 되어 있으나, 이 대화편 『라케스』에서 라케스와 니키아스는 소크라테스보다 연장자로 묘사되고 있다. 라케스가 태어난 해는 알려져 있지 않다. 니키아스의 태어난 해가 추정 연대라 하더라도 실제 니키아스와 소크라테스의 나이는 그리 차이가 많이 났던 것 같진 않다. 따라서 이런 점들을 고려해 볼 때 『라케스』에서 설정된 소크라테스와 니키아스, 라케스의 나이는, 소크라테스가 45세 이후의 40대 후반, 라케스와 니키아스는 그보다 약간 많은 50세 정도의 장년인 듯싶다. 뤼시마코스와 멜레시아스는 동년배 친구인 듯 보이나 대화 말미에 뤼시마코스가 자신이 대화자들 중 가장 연장자라는 언급이 있다. 특히 뤼시마코스는 생전의 소크라테스의 부친, 소프로니스코스와 친구였던 것으로 기술되고 있다. 뤼시마코스와 멜레시아스는 대략 60대 후반에서 70대 초반의 노인으로 가늠된다. 하지만 사실 이것은 대화편 내에서 언급되는 나이 관계에서 추정된 설정 나이일 뿐 실제 이 당시 이들의 나이가 이러하다는 것은 소크라테스를 제외하고 정확한 것은 없다.

참고문헌

1. 기본 텍스트

Burnet, J. (ed.), *Platonis Opera*, vol. Ⅲ (Oxford Classical Text), Oxford
    University Press, 1903(OCT로 줄여 부름).

2. 텍스트 주석

Emlyn-Jones, C., *Plato : Laches*, Bristol Classical Press, 2003.
Newhall, B., *The Charmides, Laches, and Lysis of Plato*, Brownell Press,
    1900.
Tatham, M. T., *Plato's Laches*, St. Martin's Press, 1966.

3. 번역서

박종현 역주, 『플라톤의 프로타고라스, 라케스, 메논』, 서광사, 2010.

Allen, R. E., *Ion, Hippias Minor, Laches, Protagoras*, Yale University Press, 1996.

Croiset, A. (ed.), *Platon Œuvres Complètes*, tome Ⅱ, Les Belles Letters, 1972.

Dorion, L. −A., *Platon : Lachès / Euthyphron*, GF−Flammarion, 1997.

Jowett, B., *The Dialogue of Plato*, Clarendon Press, 1953.

Lamb, W. R. M., *Plato*, vol. Ⅱ (Loeb Classical Library), Harvard University Press, 1924.

Lane, I., *Laches, in Plato : Early Socratic Dialogues* (ed. T. Saunders), Penguin Books, 1987.

Nichols, jr., J. H., *Laches, in The Roots of Political Philosophy : Ten Forgotten Socratic Dialogues* (ed. T. L. Pangle), Cornell University Press, 1987.

Sprague, R. K., *Plato : Laches and Charmides*, Hackett, 1992.

Waterfield, R., *Meno and Other Dialogues : Charmides, Laches, Lysis, Meno*, Oxford University Press, 2005.

4. 해설 및 연구서

강철웅 외, 『서양고대철학 1』, 길, 2013.

박종현, 『헬라스 사상의 심층』, 서광사, 2001.

커퍼드(Kerferd), 김남두 옮김, 『소피스트 운동』, 아카넷, 2003.

Benardete, S. *The Argument of the Action : Essays on Greek Poetry and Philosophy*, The University of Cicago Press, 2000.

Beversluis, J., *Cross-Examining Socrates. A Defense of the Interlocutors* in *Plato's Early Dialogues*, Cambridge University Press, 2000.

Guthrie, W. K. C., *A History of Greek Philosophy*, vol. Ⅳ, Cambridge University Press, 1975.

Hobbes, A., *Plato and the Hero: Courage, Manliness and the Impersonal Good*, Cambridge University Press, 2000.

Irwin, T., *Plato's Moral Theory : The Early and Middle Dialogues*, Oxford University Press, 1977.

Kahn, C. H., *Plato and the Socratic Dialogue : The Philosophical Use of a Literary Form*, Cambridge University Press, 1996.

Labieh, L. R., *Plato and the Virtue of Courage*, The Johns Hopkins University Press, 2006.

Rutherford, R. B., *The Art of Plato : Ten Essays in Platonic Interpretation*, Duchworth, 1995.

Schmid, W. T., *On Manly Courage : A Study of Plato's Laches*, Southern Illinois University Press, 1992.

5. 논문

김유석, 「용기의 두 얼굴 — 등장인물 간의 대결 구도를 통해 본 플라톤의 『라케스』, 『서양고전학연구』 43호, 2011, 77~122쪽.

Crystal, I., "Fathers, Sons, and the Dorian Mode in the *Laches*", *Dialogue : Canadian Philosophical Review* 49, 2010, pp. 245-266.

Devereux, D. T., "Courage and Wisdom in Plato's *Laches*", *Journal of the History of Philosophy* 15, 1977, pp. 129-141.

Devereux, D. T., "The Unity of The Virtue in Plato's *Protagoras and Laches*", *The Philosophical Review* 104, 1992, pp. 765-789.

Dobbs, D., "For Lack of Wisdom : Courage and Inquiry in Plato's *Laches*", *The Journal of Politics* 48, 1986, pp. 825-849.

Emlyn-Jones, C., "Dramatic Structure and Cultural Context in Plato's *Laches*", *The Classical Quarterly* 49, 1999, pp. 123-138.

Hoerber, R. G., "Plato's *Laches*", *Classical Philology* 63, 1968, pp. 95-105.

Kahn, C. H., "Did Plato Write Socratic Dialogues?", *The Classical Quarterly* 31, 1981, pp. 305-320.

_____, C. H., "Plato's Methodology in the *Laches*", *Revue internationale de philosophie* 40, 1986, pp. 7-21.

Kohák, E. V., "The Road to Wisdom : Lessons on Education from Plato's *Laches*", *The Classical Journal* 56, 1960, pp. 123-132.

Laguna, T., "The Problem of the *Laches*", *Mind* 43, 1934, pp. 170-180.

Morris, T. F., "Manliness in Plato's *Laches*", *Dialogue : Canadian Philosophical Review* 48, 2009, pp. 619-642.

Murphy, D. J., "Parisinus Gr. 1813 and Its Apographa in Plato's *Laches*", *Mnemosyne* 47, 1994, pp. 1-11.

O'Brien, M. J., "The Unity of the *Laches*", in J. P. Anton & G. L. Kustas (eds.), *Essays in Ancient Greek Philosophy*, vol. 1, State University of New York Press, 1971, pp. 313-315.

Penner, T., "What Laches and Nicias Miss - And Whether Socrates Thinks Courage Merely a Part of Virtue", *Ancient Greek Philosophy* 12, 1992, pp. 1-27.

Rabbås, Ø., "Definitions and Paradigms : Laches' First Definition", *Phronesis : A Journal of Ancient Philosophy* 49, 2004, pp. 143-168.

Santas, G., "Socrates at Work on Virtue and Knowledge in Plato's *Laches*", *The Review of Metaphysics* 22, 1969, pp. 433-460.

Schmid, W. T., "The Socratic Conception of Courage", *History of Philosophy Quarterly* 2, 1985, pp. 113-129.

Schwartz, N. L., ""Dreaded and Dared" : Courage as a Virtue", *Polity* 36, 2004, pp. 341-365.

Tessitore, A., "Courage and Comedy in Plato's *Laches*", *The Journal of Politics* 56, 1994, pp. 115–133.

Umphrey, S., "Plato's *Laches* on Courage", *Apeiron* 10, 1976, pp. 14–22.

Vasiliou, I., "Conditional Irony in the Socratic Dialogues", *The Classical Quarterly* 49, 1999, pp. 456–472.

Vlastos, G., "The Protagoras and the *Laches*", in Burnyeat (ed.), *Socratic Studies*, Cambridge University Press, 1994, pp. 109–126.

Wolfsdorf, D., "Courage and Knowledge at *Protagoras* 349E1–351B2", *The Classical Quarterly* 56, 2006, pp. 436–444.

_____, "Δυναμισ in Laches", *Phoenix* 59, 2005, pp. 324–347.

Woodruff, P., "Expert Knowledge in the *Apology* and *Laches*. What a General Needs to Know", *Proceedings of the Boston Area Colloquium in Ancient Philosophy* 3, University Press of America, 1987, pp. 79–115.

Yonezawa, S., "Socratic Courage in Plato's Socratic Dialogues", *British Journal for the History of Philosophy* 20, 2012, pp. 645–665.

Zappen, J. P., "Bakhtin's Socrates", *Rhetoric Review* 15, 1996, pp. 66–83.

6. 사전류

Denniston, J. D., *The Greek Particles*, Clarendon Press, 1970.

Goodwin, W. W., *Syntax of The Moods and Tenses of The Greek Verb*, William H. Allen, 1992.

Hornblower, S. & Spawforth, A. (eds.) *The Oxford Classical Dictionary*, 3rd ed., Oxford University Press, 1996(OCD로 줄여 부름).

Liddell, H. G. & Scott, R. (rev. & aug. by H. S. Jones), *A Greek-English*

Lexicon, 9th ed., Clarendon Press, 1961(LSJ로 줄여 부름).

Smyth, H. W., *Greek Grammar*, Harvard University Press, 1984.

7. 기타

투퀴디데스, 천병희 옮김, 『펠로폰네소스 전쟁사』, 숲, 2011.

플라톤, 강성훈 옮김, 『프로타고라스』, 이제이북스, 2012.

_____, 강철웅 옮김, 『향연』, 이제이북스, 2010.

_____, 김인곤 옮김, 『고르기아스』, 이제이북스, 2011.

_____, 김주일 옮김, 『에우튀데모스』, 이제이북스, 2008.

_____, 김주일·정준영 옮김, 『알키비아데스 Ⅰ·Ⅱ』, 이제이북스, 2007.

_____, 박종현 역주, 『플라톤의 네 대화편 : 에우티프론, 소크라테스의 변론, 크리톤, 파이돈』, 서광사, 2003.

_____, _____ 역주, 『국가』, 서광사, 개정판, 2005.

_____, _____ 역주, 『법률·미노스·에피노미스』, 서광사, 2009.

_____, 이상인 옮김, 『메논』, 이제이북스, 2009.

_____, 이창우 옮김, 『소피스트』, 이제이북스, 2012.

_____, 정준영 옮김, 『테아이테토스』, 이제이북스, 2013.

플루타르코스, 천병희 옮김, 『플루타르코스 영웅전』, 숲, 2010.

헤로도토스, 천병희 옮김, 『역사』, 숲, 2009.

헤시오도스, 천병희 옮김, 『신들의 계보』, 숲, 2009.

호메로스, 천병희 옮김, 『일리아스』, 숲, 2007.

호메로스, 천병희 옮김, 『오뒷세이아』, 숲, 2006.

Allen, T. W., *Homeri Opera*, vol. Ⅲ-Ⅳ, *Odysseia* (OCT), Oxford University Press, 1917.

Fagles, R. (tr.), *The Iliad*, Penguin Books, 1998.

Fitzgerald, R. (tr.), *The Iliad*, Oxford University Press, 1998.

Godley, A. D., *Herodotus*, 4 vols (Loeb), Harvard University Press, 1920–1925.

Hammond, M. (tr.), *The Peloponnesian War*, Oxford University Press, 2009.

Jomes, H. S., *Thucydidis Historiae* (OCT), Oxford University Press, 1942.

Kirk, G. S. (ed.), *The Iliad : A Commentary*, Cambridge University Press, 1990.

Monro, D. B., & Allen, T. W., *Homeri Opera*, vol. I–II, *Ilias* (OCT), Oxford University Press, 1920.

Murray, A. T. (tr.), *Iliad*, Harvard University Press, 1999.

Perrin, B., *Plutarch' Lives* (Loeb), Harvard University Press, 1920–1925.

Postlethwaite, N., *Homer's Iliad*, University of Exeter Press, 2000.

Shewring, W. (tr.), *The Odyssey*, Oxford University Press, 1998.

찾아보기

올바르게 세우다 orthoun 181a, b
요청하다 keleuein 178a
— 권하다 179e, 186b
요청하다 prokalein 181d
욕구 epithymia 182b, 191d, e
욕되게 하다 kataischynein 187a
욕하다 loidorein 195a
용감하게 andreiōs 194a
용감한 andreios 182c, 184b, 190e,
　　191a, d, e, 192e, 193a, b, c,
　　194d, 195b, c, d, e, 196a, d,
　　e, 197a, b, c
용기 andreia 190d, e, 191e, 192b,
　　c, d, 193d, e, 194a, b, c,
　　d, e, 195a, 196d, e, 197b,
　　e, 198a, c, 199a, b, c, d, e,
　　200a
용맹함 → 덕 aretē
우물 phrear 193c
우세한 kreittōn 193a
우정 philia 181c
운영하다 oikein 185a
운이 없다 dystychein 183c
웃음 gelōs 184a
웃음거리의 katagelastos 184c
위험 → 모험 kindynos
유용성 ōphelia 184b
유익한 → 쓸모 있는 chrēstos
유해한 kakourgos 192d

음계 harmonia 188d
음악적인 mousikos 188d
의견이 맞지 않다 diapheresthai
　　180e, 186d
의사 iatros 190a, 192e, 195b, c, d,
　　196a, d
의술 iatrikē 198d
이끌다 proistasthai 197d
이름난 onomastos 183c
이오니아 선법으로 iasti 188d
이해하다 katamanthanein 191e
이해하다 → 배우다 manthanein
익숙하지 않은 aēthēs 194a
— 생소한 188b
익히다 epitēdeuein 179d, 182c, e,
　　183a, c, 185b
익힐 거리 epitēdeuma 180a, c,
　　182c, 186d, 190e
인내 karteria 192b, c, d, 193b
인내심 karterēsis 193d, 194a
인내하다 karterein 194a
— 참다 192e
— 버티다 193a, b, c
인색하게 굴다 phthonein 200b
인정하다 → 동의하다 homologein
일치하는 symphōnos 188d
일치하다 symphōnein 193e
입 stoma 192a

183b, 185c
중무장 보병대 → 중무장술 hoplitikon
중무장술 hoplitikon 182d, 183c
— 중무장 보병대 191b, d
증언하다 martyrein 198e
지레 포기하다 proaphistasthai 194a
지레짐작하다 stochazesthai 178a
지배하다 → 시작하다 archein
지불하다 telein 186c
지키다 diasōzein 181c
지혜 sophia 188c, 194d, e, 195a,
    200a
지혜로운 sophos 194d, 196e, 197a,
    c, 200c
지휘하다 prostatein 197e
진영 stratopedon 193a
질병 nosos 191d, 195b
질시받기 쉬운 epiphthonos 184c
집회 syllogos 187e
징표 sēmeion 196a
짜증내다 achthesthai 189a
쫓아가다 metathein 194b

찬사 epainos 181b
찬사를 보내다 → 칭송하다 epainein
참다 → 인내하다 karterein
창 dory 183e, 184a
창머리 logchē 183e
채택하다 proaireisthai 190d

— 가려 뽑다 200e
청각 akoē 190a
청년 meirakion 179a, b, d, 180e,
    181c, 188b, 200c, d, 201a, b
체육 교사 paidotribēs 184e
추격하다 diōkein 182a, 191a, b
추천하다 synistasthai 200d
추천하다 → 칭송하다 epainein
친구 philos 180e, 187b, 194c
칭송하다 epainein 179e, 180e,
    184d, 191a
— 찬사를 보내다 180a, 181b
— 추천하다 180a

키타라 연주술 kitharistikē 194e
키타라를 연주하다 kitharizein 192a

탐구 zētēsis 194a
탓인 aitios 190e7, 191c
탓하다 aitiasthai 179c, 189c
퇴각 phygē 181b, 182b
투석술 sphendonētikē 193b

판결하다 → 판정하다 krinein
판정을 내리다 epidiakrinein 184d
판정하다 krinein 196a
— 판결하다 184e
패배 hētta 196a
평의회 boulē 184d, e, 185c, d

평화 eirēnē 179c
폐렴 peripleumonia 192e
포도주 항아리 pithos 187b
폭풍우를 맞다 cheimazesthai 194d
표를 던지는 sympsēphos 184d
프뤼기아 선법으로 phrygisti 188d
필요하다 deisthai 189c, 200c, 201a
— 부탁하다 184c, 192e

한마음이다 symboulesthai 189a
할 줄 알다 → 정통하다 epistasthai
함께 구경하다 syntheasthai 178a
함께 모셔 가다 symparalambanein
　　179e
함께 시간을 보내다 syndiatribein 180d,
　　188c
함께 열의를 쏟다 symprothymeisthai
　　200d, e
함께 지내다 syngignesthai 186e
— 같이 있다 187d
해가 되는 ponēros 186d
해로운 blaberos 192d, 193d
행위 ergon 188e, 193e
— 결과물 185e, 186b
허락하다 ean 201a
— 내버려두다 179b
헛소리하다 lērein 195a
현명하게 phronimōs 192e, 193a
현명한 phronimos 192d, e, 197c

현명함 phronēsis 192c, 193a, 197e
호의를 가진 eunous 181b
화나다 aganaktein 194a
확고하게 하다 bebaioun 194c, 200b
활동 praxis 192a
훈련 gymnasion 182a
훈련하다 gymnazein 182a
훌륭한 → 좋은 agathos
훌륭한 → 쓸모 있는 chrēstos
힘 dynamis 192b

그리스어 – 한국어

achthesthai 짜증내다
adeōs 두려움 없이
aēdēs 불쾌한
aēthēs 생소한, 익숙하지 않은
aganaktein 화나다
agathos 좋은, 훌륭한
agōn 경합
agōnia 시합
aidōs 염치
aitiasthai 탓하다
aitios 탓인
akleēs 별 볼 일 없는
akoē 청각
amathēs 무지한
amelein 소홀히 하다

amelōs 소홀히
amynesthai 방어하다, 막다
anakoinousthai 상의하다
analiskein 쓰다
anastrephein 등을 돌리다
andreia 용기
andreios 용감한
andreiōs 용감하게
anienai 내버려 두다
anoia 생각 없음
apeiros 경험이 적은
aphienai 놓아주다
aphobos 겁 없는
aphrōn 어리석은
aphrosynē 어리석음
apoblepein 주목하다
apobolē 손실
apokrinesthai 대답하다
apophainein 밝히다
apophainesthai 자신의 의견을 밝히다
aporein 난관에 처하다
aporia 난관, 난감한 처지
aporos 난감한 처지인
aposterein 빼앗다
archein 지배하다, 시작하다
aretē 용맹함, 덕
argyrion 돈
askein 단련하다
aulētikē 아울로스 연주술

aurion 내일
basanizein 시험하다
bebaioun 확고하게 하다
bios 삶
bioun 살다
blaberos 해로운
boēthein 도와주다
boulē 평의회
bouleuesthai 숙고하다
chalinos 재갈
charis 사례물
cheimazesthai 폭풍우를 맞다
cheir 손
chrēma 재산, 돈
chrēsthai 사용하다
chrēstos 쓸모 있는, 유익한, 훌륭한
chronos 시간
deilia 비겁함
deilos 비겁한
deinos 두려운, 능력이 뛰어난, 능력이
　　놀라운, 무시무시한
deisthai 필요하다, 부탁하다
dēmiourgos 장인
dēmotēs 구민
deos 두려움
diabolē 비방
diairein 구분하다
diakeleuesthai 간권하다
diakrinein 구별하다

dialegesthai 대화를 나누다

dianoia 사유, 뜻

diapheresthai 의견이 맞지 않다

diapheugein 빠져나가다

diaphtheirein 망쳐 놓다

diasōzein 지키다

diatithesthai 다루다

diatribē 시간 보내기, 소일거리

diatribein 시간을 보내다

didaskalos 교사, 선생, 가르치는 사람

didaskein 가르치다

dikaiosynē 정의

dikastērion 법정

dioikein 관장하다

diōkein 추격하다

dōristi 도리스 선법으로

dorydrepanon 낫창

drepanon 낫

dynamis 힘

dystychein 운이 없다

ean 내버려 두다, 허락하다

eirēnē 평화

eisēgeisthai 소개하다

elenchein 논박하다

elpis 기대

enkōmiazein 극찬하다

entynchanein 만나다

epaiein 전문 지식이 있다

epainein 칭송하다, 찬사를 보내다,
추천하다

epangellesthai 공언하다, 제안하다

epanorthoun 다시 바로잡다

epibateuein 수병으로 복무하다

epideiknynai 보여 주다

epideixasthai 시범을 보이다

epidiakrinein 판정을 내리다

epikryptesthai 감추다

epimeleia 돌봄, 관심을 기울임

epimeleisthai 돌보다

epimenein 계속 머무르다

epiphthonos 질시받기 쉬운

epispan 끌어당기다

epistasthai 정통하다, ~할 줄 알다

epistēmē 앎

epitēdeuein 익히다

epitēdeuma 익힐 거리

epithymein 몹시 원하다

epithymia 욕구

epitithesthai 공격하다

epitrepein 맡기다

ergon 결과물, 행위

esthiein 먹다

eudokimein 좋은 평판을 받다

eunous 호의를 가진

euschēmosynē 늠름한 풍채

exapatan 거짓말하다

exeulabeisthai 조심하다

gelōs 웃음

geōrgia 농사, 농법
geōrgos 농부
gēras 노령
gēraskein 늙어 가다
gymnasia 신체 훈련
gymnasion 훈련
gymnazein 훈련하다
harma 전차
harmonia 음계
harmozein 조화를 이루다, 조율하다
hetairos 동료
hetoimos 준비된
hētta 패배
hieron 신전
hippeus 기마병
hippikē 기마술
hippikon 기병대
hippomachia 기마전
hippos 말
holchas 수송선
homologein 동의하다, 인정하다
hopla 중무장
hoplitikon 중무장술, 중무장 보병대
hoplon 무기
horizesthai 규정하다
hosiotēs 경건
hygieinos 건강한
hypakouein 귀를 기울이다, 귀담아
　　　듣다

hypēretein 섬기다
hypischneisthai 공언하다
hypomenein 남다
hypomimnēskein 상기시키다
iasti 이오니아 선법으로
iatrikē 의술
iatros 의사
kakourgos 유해한
kamnein 아프다
kamptein 굽히다
karterein 인내하다, 참다, 버티다
karterēsis 인내심
karteria 인내
katabainein 내려가다
katagelan 비웃다
katagelastos 웃음거리의
kataischynein 욕되게 하다
katamanthanein 이해하다
katastrōma 갑판
keleuein 요청하다, 권하다
kerameia 도기 만드는 기술
kindyneuein 모험을 하다
kindynos 모험, 위험
kitharistikē 키타라 연주술
kitharizein 키타라를 연주하다
koinousthai 공유하다
kolymban 잠수하다
kompseuein 세련되게 다루다
kosmein 장식하다

kraipnos 민첩한

kreittōn 우세한

krinein 판결하다, 판정하다

krotos 박수

kynēgesion 사냥

kynēgetēs 사냥꾼

lērein 헛소리하다

logchē 창머리

logizesthai 계산하다

loidorein 욕하다

lydisti 뤼디아 선법으로

lypē 고통

lypein 고통스럽게 하다

lyra 뤼라

lysitelein 득이 되다

machē 전투

machesthai 싸우다

manthanein 배우다, 이해하다

mantikē 예언술

mantis 예언자

martyrein 증언하다

mathēma 배울 거리

mathēsis 배움

mathētēs 제자

meirakion 청년

melein 관심을 기울이다

metathein 쫓아가다

metechein 나누어 갖다

methienai 가게 내버려 두다

mimnēskesthai 언급하다

misologos 논의을 싫어하는

misthos 보수

mnēmē 기억

mōros 아둔한

mousikos 음악적인

neaniskos 젊은이

neos 젊은

nikan 승리하다

nikē 승리

nosos 질병

ochlos 군중

oikein 운영하다

onomastos 이름난

ōphelia 유용성

ophthalmos 눈

opsis 시각

orthoun 올바르게 세우다

ous 귀

paideia 교육

paideuein 교육하다

paidotribēs 체육 교사

parakalein 부르다, 모시다

parakeleuesthai 권유하다

parasitein 식탁을 함께 하다

paraskeuē 대비

paroimia 속담

parrēsiazesthai 솔직하게 털어놓다

penia 빈곤

peripleumonia 폐렴

phaulos 변변찮은

phebesthai 도주하다

pheidesthai 아껴 쓰다

pheugein 도망치다

philia 우정

philologos 논의를 좋아하는

philonikia 승리욕

philos 친구

phobeisthai 무서워하다

phobos 도주, 무서움

phōōnē 목소리

phrear 우물

phronēsis 현명함

phronimos 현명한

phrygisti 프뤼기아 선법으로

phthonein 인색하게 굴다

phygē 퇴각

phylassein 경계하다

pinein 마시다

pisteuein 신뢰하다

pithos 포도주 항아리

plēsiazein 교제하다, 가까이에 있
   다, 가까이 지내다

polemios 적

polemos 전쟁

ponēros 해가 되는

porizesthai 마련하다

prassein 수행하다, 다망(多忙)하다

praxis 활동

prepein 잘 맞다, 어울리다

proaireisthai 채택하다, 가려 뽑다

proaphistasthai 지레 포기하다

progonos 조상

proistasthai 이끌다

prokalein 요청하다

promētheia 미리 생각함

promētheisthai 미리 생각하다

promēthēs 미리 생각하는

prooimiazesthai 서두를 늘어놓다

prosdokan 예상하다

prosdokia 예상

prosēkein 어울리다

prostatein 지휘하다

prothymeisthai 간절히 바라다

proxenein 소개하다

schelos 다리

schepsis 고찰

scholē 여가

sēmeion 징표

sophia 지혜

sophisma 기발한 도구

sophistēs 소피스트

sophos 지혜로운

sōphrosynē 절제

sphendonētikē 투석술

spoudē 열의

stochazesthai 지레짐작하다

stoma 입

stratēgia 장군의 지휘술

stratēgos 장군

stratopedon 진영

syllambanein 모으다

syllogos 집회

symboulē 조언

symboulesthai 한마음이다

symbouleuein 조언하다

symbouleuesthai 조언을 구하다

symboulos 조언자

symmachoi 동맹국

symparalambanein 함께 모셔 가다

symphōnein 일치하다

symphōnos 일치하는

symprothymeisthai 함께 열의를 쏟다

sympsēphos 표를 던지는

synchōrein 동의하다

syndiatribein 함께 시간을 보내다

syngignesthai 함께 지내다, 같이 있다

synistasthai 추천하다

synousia 모임

syntheasthai 함께 구경하다

syntheatēs 동료 관람객

syssitein 공동 식사를 하다

ta deina 두려워할 것들

ta tharralea 대담하게 할 수 있는 것들

tachos 빠름

taxis 대오, 전투대형

technē 기술

technikos 전문기술을 지닌, 전문가인

telein 지불하다

thalatta 바다

thanatos 죽음

tharraleos 대담한

tharrein 대담하게 굴다

therapeia 보살핌

therapeuein 양육하다, 보살피다

thrasys 무모한

thrasytēs 무모함

timē 영예

toksikē 궁술

tolma 만용

tragōdia 비극

trechein 달리다

triērēs 삼단노선

trophē 양육

tryphan 안이하게 살다

zēn 살다

zētēsis 탐구

고유명사

164

옮긴이의 말

2014년에 처음 출판된 이 책을 '정암고전총서 플라톤 전집'이라는 새로운 체제로 아카넷 출판사에서 다시 출간을 하게 되었다. 첫 출간 이후 발견되었던 오탈자들을 교정하고 그동안 마음에 걸렸던 몇몇 문장들을 좀 더 자연스럽게 다듬었다.

『라케스』는 플라톤의 대화편들 중 비교적 짧은 대화편이지만 드라마적 박진감이 넘치는 재미있는 대화편이다. 대화편의 명시적 주제인 용기의 본성을 고찰하면서, 구조적으로는 아포리아로 끝나는 소위 소크라테스식 문답법의 전형을 보여주고 있어 플라톤 대화편의 입문서로서 안성맞춤이다. 『라케스』는 초기 대화편으로 분류되곤 하지만 구조 면에서 특별한 면모를 갖고 있다. 그 특별한 구조란, 이 작품의 표면적 주제인 '용기란 무엇인가'에 관한 문답이, 한편으로는 용기의 두 측면을 상징하는 두 명의 장군

사이에서 펼쳐지는 긴장 관계를 통해, 그리고 다른 한편으로는 그 두 장군이 소크라테스를 향해 보여주는 지속적인 찬사를 통해 드라마틱하게 전개되고 있다는 것이다. 그래서 이 대화편 『라케스』는 우리로 하여금 작품의 구조를 통해 플라톤이 염두에 두고 있는 '용기'가 무엇인지를 가늠하는 재미를 향하게 하고, 동시에 '용기'라는 덕을 실현하기 위해 바로 우리 스스로가 어떻게 해야 하는지를 고민하게 한다.

진정한 용기란 무엇에서 성립하는가? 행동인가, 앎인가? 우리가 용기 있는 행동이라고 부르는 많은 행동들이 실은 행동만 앞선 만용이나 무모함은 아닌지, 혹은 다가올 일을 현명하게, 신중하게 가늠한다 하지만 사실 정작 실행해야 할 행동과 실천은 하지 않고 있는 것은 아닌지, 두려움에 맞서 의연히 일어날 수 있는 힘은 어디에서 오는 것인지, 이러한 질문들이 우리가 대화편 『라케스』를 읽으면서 떠올리게 되는 것들이다.

흔히 『라케스』를 초기 대화편의 전형으로 보는 이유 중 하나는 '용기란 무엇인가'라는 주제를 두고 두 명의 장군과 소크라테스 사이의 '문답'이 설전을 보여주는 듯하다가 이내 대화가 소크라테스의 '엘렝코스(논박)'에 의해 '아포리아'로 끝나고, 마침내 우리에게 이 '용기'라는 덕을 직접 탐구할 것을 권면하기 때문이다. 그래서 우리는 『라케스』를 통해 이 대화편의 주제인 '용기'라는 덕에 대해 성찰하지만, 다른 한편 이 대화편 전체를 둘러싸고 있는 주제인 '자식에게 무엇을 가르칠 것인가'라는 교육의 문제, 즉 '자식의 영혼의 돌봄'이 결국 '우리 자신의 영혼의 돌봄'에서 시작될 수밖에 없음을 깨닫게 되는 듯하다.

이 책은 오랜 시간 정암학당의 여러 선생님들과 함께 읽고 다듬어서 나온 결과물이다. 어떤 의미로 대필서이기도 하다. 선생님들을 모시고, 또 선후배 동학과 함께 치열하게 고전을 공부할 수 있어 늘 감사하다. 새로운 정암고전총서로 거듭날 수 있도록 애써 주신 아카넷 출판사 분들께도 다시 한 번 감사의 마음을 전하고 싶다. 무엇보다도 이 고전을 함께 읽고 나눌 수 있는 독자들께 깊이 감사드린다.

끝으로 이 책을 마무리할 수 있도록 함께해 주셨으나 이제는 곁에 계시지 않은 어머니께 감사와 사랑의 마음을 올린다.

2020년 8월
옮긴이 한경자

사단법인 정암학당을 후원해 주시는 분들

정암학당의 연구와 역주서 발간 사업은 연구자들의 노력과 시민들의 귀한 뜻이 모여 이루어집니다. 학당의 모든 연구는 시민들의 자발적인 후원을 바탕으로 하기 때문입니다. 그 결실을 담은 '정암고전총서'는 연구자와 시민의 연대가 만들어 내는 고전 번역 운동의 산물이라고 할 수 있습니다. 이 같은 학술 운동의 역사적 의미를 기리고자 이 사업에 참여한 후원회원 한 분 한 분의 정성을 이 책에 기록합니다.

평생후원회원

Alexandros Kwanghae Park	강대진	강상진	강선자	강성훈	강순전	강창보
강철웅	고재희	권세혁	기종석	길명근	김경랑	김기영	김남두	김대오
김미성	김미옥	김상기	김상수	김상욱	김상현	김석언	김석준	김성환
김숙자	김영균	김영일	김운찬	김 율	김은자	김인곤	김재홍	김정락
김정란	김정례	김정명	김정신	김주일	김진성	김진식	김출곤	김 헌
김현래	김현주	김혜경	김효미	류한형	문성민	문수영	문종철	박계형
박금순	박금옥	박명준	박병복	박복득	박선미	박세호	박승찬	박윤재
박정수	박정하	박종철	박진우	박창국	박태일	박현우	반채환	배인숙
백도형	백영경	변우희	서광복	서 명	설현석	성중모	손윤락	송경순
송대현	송성근	송유레	송정화	신성우	심재경	안성희	안 욱	안재원
안정옥	양문흠	여재훈	염수균	오지은	오흥식	유익재	유재민	유태권
유 혁	윤나다	윤신중	은규호	이기백	이기석	이기연	이기용	이두희
이명호	이민정	이상구	이상원	이상익	이상인	이상희(69)	이상희(82)	이석호
이수미	이순이	이순정	이승재	이영원	이영호(48)	이영환	이옥심	이용술
이용재	이용철	이원제	이원혁	이유인	이은미	이임순	이재경	이정선(71)
이정선(75)	이정숙	이정식	이정호	이종환(71)	이종환(75)	이주형	이지수	이 진
이창우	이창연	이창원	이충원	이춘매	이태수	이태호	이필렬	이향섭
이향자	이현숙	이황희	이현임	임대윤	임보경	임성진	임연정	장경란
장동익	장영식	전국경	전병환	전헌상	전호근	정선빈	정세환	정순희
정연교	정 일	정정진	정제문	정준영(63)	정준영(64)	정태흡	정해남	정흥교
정희영	조광제	조대호	조병훈	조익순	차기태	차미영	최 미	최세용
최수영	최병철	최영임	최영환	최운규	최원배	최윤정(77)	최은영	최인규
최지호	최 화	표경태	풍광섭	하선규	하성권	한경자	한명희	허남진
허선순	허성도	허영현	허용우	허정환	허지현	홍순정	홍 훈	황규빈
황희철								

나와우리〈책방이음〉　　　도미니코 수도회　　　도바세　　방송대문교소담터스터디
방송대영문과07 학번미아팀　　법률사무소 큰숲　　부북스출판사(신현부)
생각과느낌 정신건강의학과　　이제이북스　　　카페 벨라온

개인 215, 단체 10, 총 225

후원위원

강승민	강용란	강진숙	강태형	고명선	곽삼근	곽성순	길양란	김경현
김대권	김명희	김미란	김미선	김미향	김백현	김병연	김복희	김상봉
김선희(58)	김성민	김성윤	김수복	김순희(1)	김승우	김양희(1)	김양희(2)	김애란
김영란	김용배	김윤선	김정현	김지수(62)	김진숙(72)	김현제	김형준	김형희
김희대	맹국재	문영희	박미라	박수영	박우진	백세옥	사공엽	서도식
성민주	손창인	손혜민	손효주	송봉근	송상호	송순아	송연화	송찬섭
신미경	신성은	신재순	심명은	엄윤경	오현주	오현주(62)	우현정	원해자
유미소	유효경	윤정혜	이경진	이명옥	이봉규	이봉철	이선순	이선희
이수민	이수은	이승목	이승준	이신자	이정민	이지희	이진희	이평순
이한주	임경미	임우식	장미성	장세백	전일순	정삼아	정선빈	정현석
조동제	조문숙	조민아	조백현	조범규	조정희	조준호	조진희	조태현
주은영	천병희	최광호	최세실리아		최승렬	최승아	최정옥	최효임
한대규	허 민	홍순혁	홍은규	홍정수	황정숙	황훈성		

정암학당1년후원

문교경기〈처음처럼〉	문교수원3학년학생회	문교안양학생회
문교경기8대학생회	문교경기총동문회	문교대전충남학생회
문교베스트스터디	문교부산지역7기동문회	문교부산지역학우일동(2018)
문교안양학습관	문교인천동문회	문교인천지역학생회
방송대동아리〈아노도스〉	방송대동아리〈예사모〉	방송대동아리〈프로네시스〉
사가독서회		

개인 115, 단체 16, 총 131

후원회원

강경훈	강경희	강규태	강보슬	강상훈	강선옥	강성만	강성식	강성심
강신은	강유선	강은미	강은정	강임향	강주완	강창조	강 항	강희석
고경효	고복미	고숙자	고승재	고창수	고효순	곽범환	곽수미	구본호
구익희	권 강	권동명	권미영	권성철	권순복	권순자	권오성	권오영
권용석	권원만	권장용	권정화	권해명	김경미	김경원	김경화	김광석
김광성	김광택	김광호	김귀녀	김귀종	김길화	김나경(69)	김나경(71)	김남구
김대겸	김대훈	김동근	김동찬	김두훈	김 들	김래영	김명주(1)	김명주(2)
김명하	김명화	김명희(63)	김문성	김미경(61)	김미경(63)	김미숙	김미정	김미형
김민경	김민웅	김민주	김범석	김병수	김병옥	김보라미	김봉습	김비단결
김선규	김선민	김선희(66)	김성곤	김성기	김성은(1)	김성은(2)	김세은	김세원
김세진	김수진	김수환	김순금	김순옥	김순호	김순희(2)	김시형	김신태
김승원	김아영	김양식	김영선	김영숙(1)	김영숙(2)	김영순	김영애	김영준
김옥경	김옥주	김용술	김용한	김용희	김유석	김유순	김은미	김은심
김은정	김은주	김은파	김인식	김인애	김인욱	김인자	김일학	김정식
김정현	김정현(96)	김정화	김정훈	김정희	김종태	김종호	김종희	김주미

김중우	김지수(2)	김지애	김지유	김지은	김진숙(71)	김진태	김철한	김태식
김태욱	김태헌	김태희	김평화	김하윤	김한기	김현규	김현숙(61)	김현숙(72)
김현우	김현정	김현철	김형규	김형전	김혜숙(53)	김혜숙(60)	김혜원	김혜자
김혜정	김홍명	김홍일	김희경	김희성	김희준	나의열	나춘화	남수빈
남영우	남원일	남지연	남진애	노마리아	노미경	노선이	노성숙	노혜경
도종관	도진경	도진해	류다현	류동춘	류미희	류시운	류연옥	류점용
류종덕	류진선	모영진	문경남	문상흠	문영식	문정숙	문종선	문준혁
문찬혁	문행자	민 영	민용기	민중근	민혜정	박경남	박경수	박경숙
박경애	박귀자	박규철	박다연	박대길	박동심	박명화	박문영	박문형
박미경	박미숙(67)	박미숙(71)	박미자	박미정	박배민	박보경	박상선	박상준
박선대	박선희	박성기	박소운	박순주	박순희	박승억	박연숙	박영찬
박영호	박옥선	박원대	박원자	박윤하	박재준	박정서	박정오	박정주
박정은	박정희	박종례	박종민	박주현	박준용	박지영(58)	박지영(73)	박지희
박진만	박진현	박진희	박찬수	박찬은	박춘례	박한종	박해윤	박헌민
박현숙	박현자	박현정	박현철	박형전	박혜숙	박홍기	박희열	반덕진
배기완	배수영	배영지	배제성	배효선	백기자	백선영	백수영	백승찬
백애숙	백현우	변은섭	봉성용	서강민	서경식	서동주	서두원	서민정
서범준	서승일	서영식	서옥희	서용심	서월순	서정원	서지희	서창립
서회자	서희승	석현주	설진철	성 염	성윤수	성지영	소도영	소병문
소선자	손금성	손금화	손동철	손민석	손상현	손정수	손지아	손태현
손혜정	송금숙	송기섭	송명화	송미희	송복순	송석현	송염만	송요중
송원욱	송원희	송유철	송인애	송태욱	송효정	신경원	신기동	신명우
신민주	신성호	신영미	신용균	신정애	신지영	신혜경	심경옥	심복섭
심은미	심은애	심정숙	심준보	심희정	안건형	안경화	안미희	안숙현
안영숙	안정숙	안정순	안진구	안진숙	안화숙	안혜정	안희경	안희돈
양경엽	양미선	양병만	양선경	양세규	양지연	엄순영	오명순	오서영
오승연	오신명	오영수	오영순	오유석	오은영	오진세	오창진	오혁진
옥명희	온정민	왕현주	우남권	우 람	우병권	우은주	우지호	원만희
유두신	유미애	유성경	유정원	유 철	유향숙	유형수	유희선	윤경숙
윤경자	윤선애	윤수홍	윤여훈	윤영미	윤영선	윤영이	윤 옥	윤은경
윤재은	윤정만	윤혜영	이건호	이경남(1)	이경남(72)	이경미	이경선	이경아
이경옥	이경원	이경자	이경희	이관호	이광로	이광석	이광영	이군무
이궁훈	이권주	이나영	이덕제	이동래	이동조	이동춘	이명란	이명순
이미란	이미옥	이민숙	이병태	이복희	이상규	이상래	이상봉	이상선
이상훈	이선민	이선이	이성은	이성준	이성호	이성훈	이성희	이세준
이소영	이소정	이수경	이수련	이숙희	이순옥	이승훈	이시현	이아람
이양미	이연희	이영숙	이영실	이영애	이영철	이영호(43)	이옥경	이용숙
이용웅	이용찬	이용태	이원용	이윤주	이윤철	이은규	이은심	이은정
이은주	이이숙	이인순	이재현	이정빈	이정석	이정선(68)	이정애	이정임

이종남　이종민　이종복　이주완　이중근　이지석　이지현　이진우　이철주
이춘성　이태곤　이평식　이표순　이한솔　이현호　이혜영　이혜원　이호석
이화선　이희숙　이희정　임석희　임솔내　임창근　임현찬　임환균　장모범
장시은　장영애　장영재　장오현　장지나　장지원(65)　장지원(78)　장지은　장철형
장태순　장흥순　전경민　전다록　전미래　전병덕　전석빈　전영석　전우성
전우진　전종호　전진호　정가영　정경회　정계란　정금숙　정금연　정금이
정금자　정난진　정미경　정미숙　정미자　정상묵　정상준　정선빈　정세영
정아연　정양민　정양욱　정 연　정연화　정영목　정옥진　정용백　정우정
정유미　정은교　정은정　정일순　정재웅　정정녀　정지숙　정진화　정창화
정하갑　정해경　정현진　정호영　정환수　조권수　조길자　조덕근　조미선
조미숙　조병진　조성일　조성혁　조수연　조영래　조영수　조영신　조영호
조용수　조용준　조윤정　조은진　조정란　조정미　조정옥　조증윤　조창호
조현희　조황호　주봉희　주연옥　주은빈　지도영　지정훈　진동성　차경숙
차문송　차상민　차혜진　채수환　채장열　천동환　천명숙　최경식　최명자
최미경　최보근　최석묵　최선회　최성준　최수현　최숙현　최영란　최영순
최영식　최영아　최원옥　최유숙　최유진　최윤정(66)　최은경　최일우　최자련
최재식　최재원　최재혁　최정욱　최정호　최종희　최준원　최지연　최혁규
최현숙　최혜정　하혜용　한미영　한생곤　한선미　한연숙　한옥희　한윤주
함귀선　허미정　허성준　허 양　허 웅　허인자　허정우　홍경란　홍기표
홍병식　홍섬의　홍성경　홍성규　홍성은　홍영환　홍의중　홍지흔　황경민
황광현　황미영　황미옥　황선영　황예림　황유리　황은주　황재규　황정희
황주영　황현숙　황혜성　황희수　kai1100　익명

리테라 주식회사　　　　　　　　문교강원동문회　　　　　　　　문교강원학생회
문교경기〈문사모〉　　　　　　　문교경기동문〈문사모〉　　　　　문교서울총동문회
문교원주학생회　　　　　　　　문교잠실송파스터디　　　　　　　문교인천졸업생
문교전국총동문회　　　　　　　문교졸업생　　　　　　　　　　　문교8대전국총학생회
문교11대서울학생회　　　　　　문교K2스터디　　　　　　　　　　서울대학교 철학과 학생회
(주)아트앤스터디　　　　　　　　영일통운(주)　　　　　　　　　　장승포중앙서점(김강후)
책바람

개인 681, 단체 19, 총 700

2020년 7월 31일 현재, 1,011분과 45개의 단체(총 1,056)가 정암학당을 후원해 주고 계십니다.

▌옮긴이

한경자

이화여자대학교 철학과 대학원에서 스토아 자연학 연구로 석사학위를, 서울대학교 철학과 대학원에서 박사학위를 받았으며, 브리티시컬럼비아 대학교(UBC) 철학과에서 방문학자로 있었다. 현재 서울대학교에 출강하고 있으며, 세종대학교 초빙교수로 재직하면서 정암학당 연구원이자 연구실장직을 수행하고 있다. 주요 논문으로는 「언어와 존재」, 「스토아 혼합 논의」, 「초기 스토아 자연학에서 능동 근원의 물체성 연구」 등이 있다.

정암고전총서는 정암학당과 아카넷이 공동으로 펼치는 고전 번역 사업입니다.
고전의 지혜를 공유하여 현재를 비판하고 미래를 내다보는 안목을 키우는
문화적 기반을 마련하고자 합니다.

정암고전총서 플라톤 전집

라케스

1판 1쇄 펴냄 2020년 9월 7일
1판 2쇄 펴냄 2021년 7월 20일

지은이 플라톤
옮긴이 한경자
펴낸이 김정호
펴낸곳 아카넷

출판등록 2000년 1월 24일(제406-2000-000012호)
주소 10881 경기도 파주시 회동길 445-3 2층
전화 031-955-9510(편집) · 031-955-9514(주문)
팩스 031-955-9519
www.acanet.co.kr

© 한경자, 2020

Printed in Paju, Korea.

ISBN 978-89-5733-692-2 94160
ISBN 978-89-5733-634-2 (세트)

도서의 국립중앙도서관 출판예정도서목록(CIP)은
서지정보유통지원시스템 홈페이지(http://seoji.nl.go.kr)와
국가자료공동목록시스템(http://www.nl.go.kr/kolisnet)에서 이용하실 수 있습니다.
(CIP제어번호: CIP2020034416)